日本語学習者コーパス

I-JAS入門

編著：迫田久美子・石川慎一郎・李在鎬

著：佐々木藍子・須賀和香子・野山広・細井陽子・八木豊

研究・教育に
どう使うか

JN084575

くろしお出版

まえがき

　本書は，迫田久美子とそのチームが中心となって構築した「多言語母語の
日本語学習者横断コーパス」(International Corpus of Japanese as a Second Language:
I-JAS) の構築理念・構築過程および収集したデータの概要を紹介し，日本語
習得研究・日本語教育への I-JAS の応用可能性について解説を行った書物で
ある。

　I-JAS には，学習者 1,000 名，日本語母語話者 50 名，合計 1,050 名の参加
者を対象とする対面調査で収集した発話と作文，一部の参加者から収集した
任意作文，および，全参加者に関する詳細な背景情報のデータが含まれる。

　I-JAS は，対面調査だけで 807.6 万語（うち参加者の産出は 461.6 万語）の産
出データを収集しており，名実ともに世界最大の日本語学習者コーパスであ
るが，その真の価値は，第二言語習得研究の枠組みにおいて，多様な対照研
究に利用できるよう綿密な設計がなされている点にある。

　まず，対面調査には性質を異にする 5 種のタスク（ストーリーテリング，対
話，ロールプレイ，絵描写，ストーリーライティング）が含まれ，タスク間の比較
を行うことができる。さらに，任意作文との比較も可能である。

　次に，1,000 名の学習者は，海外学習者 850 名，国内教室環境学習者 100
名，国内自然環境学習者 50 名にわけられており，海外学習環境と国内学習
環境，教室学習環境と自然学習環境の比較が可能である。

　さらに，海外学習者の母語は 12 種に及び，母語別の比較や，言語系統別
の比較もできる。これらの学習者と日本語母語話者の比較も行える。

　加えて，すべての学習者は 2 種の習熟度テストを受けており，習熟度別
の比較も可能である。このほか，背景調査のデータを併用することで，性
別・年齢・日本語学習歴・日本語学習スタイルなど，幅広い観点で比較研究
を行うことが可能である。

　これだけの幅広いデータを体系的に集めるのは決して容易なことではな
かった。I-JAS プロジェクトでは，研修を受けた 17 名の調査者が，海外
17 ヵ国 20 ヵ所，日本国内 10 ヵ所に赴き，共通のプロトコルで対面調査を

実施し，統制的にデータを収集した。

　なお，ここで特筆しておきたいことは，このプロジェクトが研究プロジェクトであるとともに，日本語の学びの輪を世界に広げる国際的な教育プロジェクトでもあったということである。調査者は，タスクという枠組みの中であっても，参加者の話に真摯に耳を傾け，心を通わせ，必要な助言や励ましを行った。また，調査者は，日本の風物が印刷された絵葉書カードを持参し，個々の参加者への感謝と学習助言をカードにしたため，参加者全員に手渡しした。参加者の中には，今回のプロジェクトを通して，生まれて初めて，日本語母語話者と長時間話す経験を持った者も少なくなかった。プロジェクトへの参加は，彼ら・彼女らの日本語の学びにとって大きな刺激となった。

　I-JAS プロジェクトの完成には，このような調査（前の段落の内容を受けて）に参加してくれた多くの日本語学習者，また同時に多くの機関・個人の助力を得た。巻末資料に関係者および協力者の一覧を掲載し，深く感謝の意を示したい。以下，関係するプロジェクトおよび科学研究費助成金事業を挙げ，本書がその成果の一部であることを記す。

・国立国語研究所共同研究プロジェクト「多文化共生社会における日本語教育研究」（期間：2009–2015 年度／代表者：迫田久美子）
・国立国語研究所共同研究プロジェクト「日本語学習者のコミュニケーションの多角的解明」（期間：2016–2021 年度／代表者：石黒圭）
・科学研究費助成事業（基盤研究 A）「海外連携による日本語学習者コーパスの構築—研究と構築の有機的な繋がりに基づいて—」（期間：平成 24–27 年度／代表者：迫田久美子／課題番号：24251010／共同研究者：岩立志津夫・野田尚史・田中真理・松見法男・金田智子・大関浩美・奥野由紀子・峯布由紀・李在鎬）
・科学研究費助成事業（基盤研究 A）「海外連携による日本語学習者コーパスの構築および言語習得と教育への応用研究」（期間：平成 28–31 年度／代表者：迫田久美子／課題番号：16H01934／共同研究者：野田尚史・田中真理・李在鎬・砂川有里子・松見法男・野山広・奥野由紀子・望月圭子・宇佐美まゆみ・小柳かおる・石川慎一郎）

　なお，本書の関連資料の提供の場として，専用のサイト（www.9640.jp/ijas/）を用意した。サイトでは，誤植・誤記の修正情報のほか，書籍に載せられなかったデータや資料を公開する予定である。あわせて活用していただきたい。

　最後に，本書の意義を認め，出版を快諾くださったくろしお出版，とくに，本書の編集を担当された池上達昭氏に感謝を申し上げたい。

　今後，本書を手ほどきとして，I-JAS が第二言語としての日本語の習得研究や日本語教育の分野で幅広く使用され，世界の日本語研究および日本語教育の一層の発展に資することを願っている。

2019 年 12 月

編著者

目　次

第 I 部　I-JAS の設計と構築

第 I 部

　I-JAS は，従来にないユニークな特徴を持った学習者コーパスである。I-JAS はどのような背景で構想され，どのようにして作られたのであろうか？

　I-JAS の開発にあたっては，(1) 参加者の決定，(2) 調査の設計と実施，(3) 音声データのテキスト化，(4) データの公開，という 4 つのステップで作業を進めた。

　第 1 部では，まず，第 1 章において，I-JAS プロジェクト誕生の経緯や，既存のコーパスとの関係性，また，「I-JAS の 10 大特徴」について簡単にまとめた後，第 2 ～ 5 章で上記の 4 つのステップについて順に説明する。

　第 2 章では，I-JAS の調査に参加した学習者のタイプやその背景を示す。

　第 3 章では，対面調査を中心とする参加調査の全体をどのように設計・実施したかを示す。

　第 4 章では，対面調査で集めた音声データをどのように書き起こし，言語分析用に形態素解析したかを示す。

　最後に，第 5 章では，公開されるデータの全体像を示し，ファイルのコードやデータの読み方について説明する。

第 1 章

I-JAS 誕生の経緯

1.1　はじめに

　本章では，なぜ，I-JAS という多様な母語の日本語学習者のコーパスが誕生したのかについて，これまでの研究を振り返りながら，I-JAS の背景および経緯を述べる。

　第二言語 (外国語を含む) 学習者は，目標言語を習得する過程で様々な学習者特有の言語表現を産出する。正用も誤用も含んだ第二言語学習者特有の言語は「中間言語」と呼ばれ，1970 年代から研究が盛んに進められるようになった。

　日本語を第二言語とする学習者にも，(1) ～ (3) のような様々な誤用が観察されている。(→) で正用を示し，国名は学習者の国籍を示す。

(1)　　田中さんが (→は) どこですか　　　　　　　　(韓国　市川, 2010, p. 59)

(2)　　さむくて (→寒いから)，ヒーターをつけよう

　　　　　　　　　　　　　　　　　　　　　　　(インドネシア　同上, p. 389)

(3)　　私たちは三年前にけっこんしていますが (→しましたが)，こどもがまだありません。　　　　　　　　　　　(アメリカ　同上, p. 414)

　国内における日本語教育が盛んになり始めた 1970 年代は，上記のような誤用は学習者の母語と日本語の違いが起因して起きると考える研究者が多く，日本語と学習者の母語との対照研究が盛んに行われた。しかし，日本語教育の現場にいる日本語教師は，母語の異なる学習者から同種の誤用が産出される実態を見て，学習者の母語の影響，つまり母語の言語転移だけでは片

付けられない要因があるのではないかと考えていた。

　そのような中で学習者の発話や作文資料から，以下のような同種の誤用が産出された。(4) 〜 (6) は，KY コーパス (後述) に見られる誤用で，(4) は英語話者，(5) は中国語話者，(6) は韓国語話者の「に・で」の誤用である。〈　〉は対話相手の発話，[　] は言い間違いを修正したことを示す。「EIM07」は個別データを表し，最初の E が English 英語 (C は中国語，K は韓国語) の話者を，IM や IL は Intermediate Mid. (中級中レベル) や Intermediate Low (中級下レベル) で発話者のレベル判定を表している。最後の数値は，学習者番号を表している。

(4)　　映画館の前に (→で)，〈えー〉あいましょうか　　　　　(KY, EIM07)

(5)　　スーパーの中に (→で) 人形つりあれ一番好きです　　　　(KY, CIL02)

(6)　　勉強の中に (→で)，んー，あーパットゥ [パート] は，分かりました
　　　　　　　　　　　　　　　　　　　　　　　　　　　　　　　(KY, KIL01)

1.2　誤用分析から学んだこと

　学習者の誤用を対象とした著名な研究論文として，Corder (1967) がある。Corder (1967, p.167) は「学習者にとって誤用は避けられない不可欠なものである。なぜなら，かれらは誤用を産出することで自分自身の立てた仮説の検証をしているからである。」と述べ，学習者の誤用が重要であること，誤用は学習者の言語使用のシステムを表出していると主張した。この論文がきっかけとなり，日本でも多くの日本語の誤用分析研究が行われた。

　長友・迫田 (1988, 1989, 1990) は，1980 年代に学習者の実際の発話や作文を参考に誤用分析を行い，具体的な学習者言語の研究を行った。日本に留学してくる学習者にとって，学習困難な文法項目は何か，学習時間の違いで文法の習得に違いが見られるか，授業で教えた項目は発話で使用されているか，について実際の作文やテスト，発話データを用いて研究している。

　しかし，この一連の誤用分析研究は，調査対象が大学の留学生の特定プログラムの学生であったことから，人数も 10 〜 20 名と少なく，母語も多岐にわたっているため，母語の影響などに言及することは困難であった。また，個人レベルの研究では大量のデータ収集も難しく，さらに発話を収集

し，文字にデータ化することはさらに困難を伴った。

1.3　コーパスデータの重要性

　この章では，I-JAS を作るまでに至った過去の研究の足跡をたどりながら，研究とデータの関係について検討する。

1.3.1　アンケート調査法の問題点

　誤用分析研究で 1970 〜 80 年代に多かったのは，アンケート調査のデータを使って行う研究であった。例えば，(7) の穴埋め，(8) の多肢選択，(9) の文法性判断，などにより研究が行われた。

(7)　1 時間も前に出発したから，もう今頃は家に着いて（　　　　　）。

(8)　1 時間も前に出発したから，もう今頃は家に着いて ｜いる・いるだろう・いるらしい・いるのだ｜

(9)　1 時間も前に出発したから，もう今頃は家に<u>着いている</u>。（○ ×）

　このようなアンケート調査では，正用率と誤用率の違いがわかり，(8) では，「いるだろう」が他の 3 つの「いる」「いるらしい」「いるのだ」のどの表現と混同されやすいかがわかる。また，調査した学習者が母語別やレベル別に統制されていたら，それらの要因別の結果も見ることができる。

　しかし，何が難しいかがわかっても，学習者にとって，なぜ難しいのかはわからない。さらに，アンケート調査で最も危険なのは，アンケート内容に研究者の考えや思い込みが反映されて，学習者自身の選択のメカニズムやストラテジーが見えないことである。迫田 (1994) は，指示詞コソアの研究を行い，学習者にとってコソアのどれが難しいのかを探るために，多肢選択や文法性判断調査を行っている。しかし，その研究では (10) のような誤用が多いことはわかっても，その原因はわからない。

(10)　素敵な人が現れたら，**あの** (→その) 人と結婚する。

　多くの指示詞コソアの研究が，コ系（これ・この・ここ他），ソ系（それ・そ

の・そこ他），ア系（あれ・あの・あそこ他）のどれが習得困難かを探ることに
焦点をあてているため，先行研究での調査は三肢選択や穴埋めのテストが多
かった。

　しかし，本章の筆者はあるとき，同一の学習者に時間をおいてたまたま同
じ問いかけをした際の 2 つの返答（11）と（12）を聞き，学習者が必ずしもコ
ソアの選択で迷っているわけではないことに気付かされた。

（11）　NS：家事，大変でしょ。結婚しなければよかったと思わない？
　　　　韓国人学習者 A：え，**そんなこと**はありません。
（12）　NS：結婚して後悔していない？
　　　　韓国人学習者 A：**あれ**（→それ）はありません。

　学習者を対象とした研究には様々なアンケート調査があり，それぞれに利
点と欠点があるが，注意しなければならないのは，学習者の実態を理解しな
いで，研究者の思い込みで仮説を立てて調査方法を決定し，結論を誘導して
しまうような調査である。

　しかし，コーパスなどの実際の言語使用データに基づく調査研究であれ
ば，より客観的であり，さらにデータ数が多ければ量的分析を行って一般化
できる可能性も高くなる。

1.3.2　コーパス調査法：縦断データの問題点

　では，アンケート調査法ではなく，実際のデータ収集が望ましいのだろう
か。データ収集の場合，時間と労力がかかってしまうという問題点がある。
加えて，言語習得の縦断データは多くの場合，第一言語習得の親と子の発話
データが多く，第三者が特定の学習者を対象として，長期にデータ収集する
ことは難しい。

　現在公開中の縦断データの中で，国立国語研究所が所有する「中国語・韓
国語母語の日本語学習者縦断発話コーパス：C-JAS (Corpus of Japanese as a
Second Language)」というコーパスがある (lsaj.ninjal.ac.jp/)。

　これは，中国語話者 3 名（C1 〜 C3），韓国語話者 3 名（K1 〜 K3）の日本語
学習者を 1991 年 7 月〜 1994 年 3 月の約 3 年間，1 名につき約 8 回のイン

タビュー（1回約60分）の対話データ46.5時間分，57万語のデータをコーパス化したものである。

　日本語学校の同じ初級クラスで学んだ学習者が3年間を経て，日本の大学や別の日本語学校に通いながら日本語を習得していく過程を8期に分けて調査している。縦断データは，特定の学習者を長期に調査するデータのため，人数が限られるという制約はあるが，真の意味での学習者の言語使用の変化が観察できるという利点がある。実際に，C-JAS の K1 は，4期（学習開始1年3ヵ月）と8期（学習開始2年6ヵ月）では同じ表現に違いが見られる。

(13)　K1：医者先生の話は，交通事故遭ったときは，〈うん〉［症状がすぐ出ないので］**わからないだ**と言った**です**ね　　　　　　　（C-JAS, K1, 4期）

(14)　K1：それでもあれ［観光地で鳥を肩に乗せて撮られる写真］がものすごく**高い**と言った**んです**ね　　　　　　　（C-JAS, K1, 8期）

(13) では，「わからないだ」や「言ったです」などの誤用が見られるが，(14) の8期になると「高い」や「んです」が使えるように変化しているのがわかる。このように，同一の個人内の変化を見るのは，縦断データは適しているが，個人要因を排除できないため，一般化が難しい。

　そして，このコーパスの問題点は，6名の学習者の日本語能力レベルが測定されていないことである。最初は同じ初級レベルのクラスの学生であるとはいえ，学習を始めると個々の学生の伸びは異なってくる。1年後，2年後の各学習者のレベルは発話データにも現れているが，客観テストを行っていないため，その時期の学習者のデータを比較することができないという問題点が残る。

　また，日本語学校卒業後，それぞれの環境が変わり，アルバイトや友人関係などの影響も想定されるが，それらの背景情報についても記録がないため，データの考察が十分にできないという問題もある。

1.3.3　コーパス調査法：横断データの問題点

　ここでは，横断データの1つ，KY コーパスについて述べる。KY コーパスは，1990年代のコーパス構築当時のプロジェクトのメンバーでデータ収集

の中心となった 2 名の研究者の頭文字を冠したコーパスである。OPI（Oral Proficiency Interview）というインタビュー手法で収集され，90 名分の会話が文字化されたテキストデータである。

　OPI とは，ACTFL（The American Council on the Teaching of Foreign Languages：全米外国語教育協会）が開発した外国語の口頭運用能力を測定するためのインタビューテストである。インタビュー時間は調査者であるテスターのコントロールにより，レベルに応じて初級は 15 分程度，中級～超級は 30 分以内とされており，レベルは初級下（Novis Low）から超級（Superior）まで現在は 10 段階（KY コーパス構築時は 9 段階）に評定される。OPI の詳しい概要については，牧野ほか（2001）を参照されたい。

　このコーパスを作成する段階では，大量の学習者の発話データがなかったことから，OPI のテスター経験者によりデータが収集され，初級（5 名），中級（10 名），上級（10 名），超級（5 名）の構成で，韓国語話者，英語話者，中国語話者各 30 名が選出された。作成当時は，個人でこれだけの人数の統制されたデータを収集することがきわめて困難であったことから，KY コーパスは多くの研究者に利用され，現在も広く使われている。

　しかし，KY コーパスにもいくつかの問題点がある。それは，学習者の学習背景が明確でなく，海外日本語学習者（JFL 学習者）か国内日本語学習者（JSL 学習者）か自然環境で学んだのか，教室環境で学んだのかが不明な点である。日本留学の経験，日本語を使用するアルバイトをした経験の有無，日本人の家族や友人の有無など，学習者の日本語使用に影響を与える情報が皆無なので，データ分析での考察が十分にできないという問題が残る。

　他にも，音声データがないため，文字情報からではわかりにくいプロソディやあいづち，言い淀みについては正確なデータが得にくい。

　また，インタビュー内容もある一定の構成は決まっているが，テスターとの会話で質問が変化していくため，話題の統制がされていないので，言語研究のデータとして比較が難しい面もある。

　しかし，口頭能力レベルと母語別で統制された 90 名分のコーパスの出現は画期的であり，李（2013）によって，「タグ付 KY コーパス」が作られ，多くの日本語教育や言語学関係の研究に用いられており，コーパスに基づく実証研究の先導役となった。

1.4 I-JAS の誕生に向けて

1.4.1 失敗から学んだこと

　ここでは，本章の筆者が行った習得研究の調査やデータ収集における失敗から学んだことを 3 つ挙げて，研究におけるデータ収集の難しさを示したい。

　1 つ目は，先の節でも述べたが，学習者の実際の言語使用を見ずに，多肢選択や穴埋めのアンケート調査をしてしまう点である。実態を観察せずに作る多肢選択や穴埋め問題は，多くの場合，研究者の視点で作られる。研究者の視点では，言語学的な分析が先行するため，学習者の視点とは異なる場合がある。助詞「は」の誤用の選択肢は，格助詞「が」だと考えるのは日本語の言語研究者が多い。しかし，実際の日本語学習者の「は」の誤用は，必ずしも「が」とだけで起きるのではない。格助詞「の」との間でも起きる。米国で日本語を学んでいる高校生の作文に，「私は母の JANET です」があった。正確には，「私の母は JANET です」と書くべきだった。授業で，いつも「〜は　…の　----　です」の文型で練習しているとこのような誤用が産まれる可能性もある。

　また，指示詞コソアの研究でも，学習者は「これ・それ・あれ」で選択を迷うと思い込んでいたが，実際には中級レベル学習者では，「あの人」「そんなこと」などの固まりで覚えている学習者も観察された。学習者は必ずしも研究者と同じカテゴリーで使い分けているとは限らず，彼ら独自のカテゴリーを持っているように感じる。それを見抜くためにも，まず，学習者の言語使用を念入りに観察することが重要である。さらに，母語の影響を調べるのであれば，調査対象は 1 ヵ国や 2 ヵ国の学習者ではなく，できるだけ多くの異なった母語の学習者のデータが必要となる。それが，I-JAS で 12 の母語の学習者を対象とした背景である。

　2 つ目の失敗は，縦断データの収集を行った際，データ収集の知識が浅かったこともあり，目的を明確に設定せず，特定の学習者を対象に時間を長くかけてデータ収集することを重視し，学習者のそれぞれの時期の日本語のレベルを客観的に記録しておかなかった失敗である。

　C-JAS の 6 名の学習者は，3 年間という長期間，データ収集に参加したが，個人差は年々広がっていき，学習開始 1 年目で日本語能力試験 (JLPT) の 1 級に合格した学習者もいれば，3 年間経っても 1 級が取れなかった学習者も

いる（当時の JLPT のレベル名称は N1 〜 N5 ではなく，1 級〜 4 級）。これだけの
個人差がどこから生まれるのか，彼ら一人ひとりの生活環境や学習環境の情
報，友人関係，アルバイトの種類など詳細な背景情報があれば，彼らの言語
使用の要因を探ることができたのではないかと考える。

　3 つ目の反省点は，C-JAS には音声データが公開されていない点である。
文字化されたスクリプトだけでは，フィラーや談話分析の研究には限界があ
り，実際にはどのように発話したのか，間はどうかなど，詳細なデータを必
要とする場合には不備な点が多い。

　これら 3 つの主な反省点をふまえ，新たなコーパスを構築するニーズが
高まり，科学研究費助成事業の採択とともに本プロジェクトが誕生した。ま
た，国立国語研究所の交付金の補助も得られたこともこのプロジェクト誕生
の大きな原動力となった。

1.4.2　I-JAS のデータ収集の基本方針

　このプロジェクトが開始されたのは，2012 年であった。調査や作業の詳
細は，後の章に譲るが，ここでは，実際の調査が開始されるまでの準備と
データ収集にあたる心構えといった基本方針を示す。

　2012 年度の最初の 1 年目は，すぐには調査を開始しなかった。それは，
時間をかけて準備をすることに時間を費やしたかったからである。準備に時
間をかけることの大切さも過去から学んだことであり，プロジェクトに関わ
る人々の間で，目的に関して共通認識を持ってほしかったからでもある。プ
ロジェクトに関わる専属の研究員が 3 〜 4 名，科研の分担者 9 名，国内 15
名，海外 25 名の研究協力者に様々な意見をいただき，データ収集のための
調査プランが作られていった。

　最初に決められたのは，コーパス利用の目的を明確にすることであった。
この点を明確にしなければ，どんな調査をするか，個々の課題をどうするか
は決まらない。本プロジェクトは，「日本語学習者の文法習得を研究する」
ためのデータ収集を目的に掲げ，できるだけ広く利用できるような計画を立
てた。

　それらは，前節の失敗から学んだ教訓が含まれており，その方針は，「よ
り多くの学習者のデータを収集する」「学習環境の違いを観点に入れる」「統

一のテストを受験させて，レベルを明確にする」などであった。

　実際のデータ収集調査は，2013 年から 2016 年 1 月にかけて，海外 17 ヵ国 20 ヵ所での調査を実施し，国内でも 10 ヵ所で調査を行った。海外調査に関わった国内の研究者の数は 17 名で，同質の調査ができるように調査の前に調査全体および対話の話し方の研修を受けた。海外の場合，基本的に 1 つの地域で 50 〜 60 名の学習者のデータ収集（1 人 3 時間）を調査者 2 名が 5 日間で行った。現地協力者の先生方の学校や同僚のご支援，国内の研究協力者の先生方と私たちとの綿密な連絡や信頼関係によって実現できた学習者コーパスである。

1.4.3　I-JAS の 10 大特徴

　最後に，I-JAS の特徴を以下の 10 点にまとめて紹介する。

[1]　多言語の大規模な学習者コーパスである。

　I-JAS は，12 の異なった言語（英語・中国語・韓国語・ドイツ語・フランス語・スペイン語・トルコ語・ベトナム語・ハンガリー語・タイ語・インドネシア語・ロシア語）を母語とする海外の日本語学習者を中心とした 1,000 名のコーパスであり，このことが最も大きな特徴である。

[2]　学習環境が異なる学習者のデータを保有する。

　I-JAS は，海外の学習者 850 名，国内の日本語学習者 150 名のデータがあり，さらに国内の場合は，日本の教育機関で学んでいる教室環境学習者 100 名，日本で就労したり，日本人と結婚したりして，自然環境の中で学んでいる自然環境学習者 50 名を含んでいる。国内の教室環境学習者と自然環境学習者のデータを比べることにより，教室指導の影響について研究することができる。また，国内の教室環境学習者のデータを海外の学習者（全員，教室環境学習者）のデータと比べることにより，日本に住んで受けるインプットの影響について研究することもできる。参加者の概要については，第 1 部 2 章で詳しく述べる。

[3]　7 種類の多様なタスクのデータがある。

　タスクは 7 種類あり，(1) 4 コマあるいは 5 コマのコマ割り漫画を見て物語を作って話すストーリーテリング，(2) 対話，(3)「断り」や「依頼」のロールプレイ，(4) 1 枚の絵を見て，その絵について説明する絵描写，(5) ストーリーテリングで使用したのと同じ漫画を見て，物語を作って PC に書くストーリーライティング，(6) 3 通のメールの返信を書く作文タスク，(7) 与えられた課題に関するエッセイの作文タスク，である。

　特定の文法項目に偏らず，できるだけ多くのタスクによって，学習者の多様な言語運用を収集したいという意図から設定している。

[4]　発話と作文のデータがある。

　多様なタスクの項でも説明したが，このコーパスには同一の学習者の発話と作文のデータがある。ただし，エッセイとメール作文は，全員のデータではなく，有志のみとしている。それは，発話データの収集や日本語能力テストの実施の調査時間が 3 時間にもおよぶため，さらにエッセイとメール作文を続けて課すことが困難であったためである。そこで，それらの作文については，有志のみとし，自宅などの自由な場所で事前に作成してもらい，調査実施前に回収した。作文実施者には，タスク終了後に所要時間や参照資料などの情報をアンケートで回答してもらい，作文とともに公開している。

[5]　文字化のテキストデータだけでなく，音声データも公開している。

　発話に関する 4 つのタスクについては録音し，文字化のテキストデータだけでなく，音声データも公開している。

[6]　形態論情報が付与されている。

　I-JAS は，コーパス検索アプリケーション「中納言」を使用し，文字列検索だけでなく，形態論情報を活用した検索もできる。このことについては，第 3 部 10 章で詳しく述べる。

[7]　全員に同じ日本語能力テストによるレベル判定を行い，その結果を公開している。

I-JAS の学習者は全員，J-CAT と SPOT（本書 3.6 節参照）という 2 種の日本語能力テストを受けており，そのため，レベルを特定し，母語の要因や環境の要因で比較することができる。これらのテストについては，第 1 部 3 章で詳細な説明がなされている。

[8]　学習者に関する詳細な背景情報がある。

事前にアンケート調査を行い，学習環境，家庭環境，アルバイト情報，学習スタイルなどの学習者の日本語学習に関する情報を公開している。

[9]　同じタスクを行った日本語母語話者のデータがある。

比較群として，日本語母語話者 50 名に同じタスクを行い，その発話と作文データが所収されている。年代のバランスを考慮して，20 代〜 50 代の幅広い層の母語話者のデータとなっている。

[10]　データはすべてオンラインによって無償で一般公開している。

データは，lsaj.ninjal.ac.jp/ で公開されており，データ検索のための登録申請を行えば，誰でも使用が可能である。

講演や授業で，ときどき「日本語教育が専門なのに，なぜ，第二言語習得を研究するんですか？」「コーパスを作ることと日本語教育は関係があるんですか」と尋ねられる。個人的な意見として，日本語教育の現場に最も近い学問領域は，第二言語習得であると考えている。第二言語習得研究は，学習者がどのように第二言語（目標言語）を習得していくかを研究する分野である。どのように教えるかは，まず学習者がどう学ぶかを知ることから始まる。そして，学習者がどう学ぶかの答えは学習者の言語使用，つまり学習者コーパスの中にあると信じている。そして，それを見つけることができるかどうかは，教師や研究者の目，つまり観察力・研究力にかかっている。I-JAS がより多くの人々の目で分析・研究されることで，学習者の習得のメカニズムが明らかになることを期待している。この後に続く章は，I-JAS を理解し，I-JAS を使って日本語習得に関わる様々な課題を発見したり，解決したりするための重要な道標となる。

1.5　まとめ

　本章では，I-JAS 構築の背景と I-JAS の基本特徴について述べた。まず，1
節では，I-JAS プロジェクトが，1970 年代の誤用研究に遡る点を指摘した。
　2 節では，誤用研究の手法となりうるアンケート調査法とコーパス調査法
について，それぞれの課題を指摘した。アンケート調査法は，学習者が個々
の表現を正用とみなしているかどうか焦点を絞って解明することができる
が，学習者が自然なコミュニケーションの中で様々な表現をどのように選択
しているか，また，その背後にいかなるメカニズムやストラテジーが関わっ
ているかについてはわからない。一方，コーパス調査は学習者の産出を直接
に分析する上で有益なものだが，既存の学習者コーパスは，横断型コーパ
ス・縦断型コーパスともに規模が小さく，多様な研究設問に答えるのに十分
な資料にはなりえていない。こうした認識をふまえ，構築されたのが I-JAS
である。3 節では，I-JAS 構築に至る過程とデータ収集の基本理念を示し，
あわせて，I-JAS の 10 大特徴を示した。I-JAS はできたばかりのコーパスで
あり，その真価は，これから I-JAS を使ってどのような研究が世に出てくる
かによって決まると言えよう。2 章からは，日本語や日本語教育，また，言
語習得の問題に関心を持つ読者が I-JAS を正しく理解し，I-JAS を使って多
様な研究ができるよう，具体的な解説を行っていく。

第 2 章

参加者の決定

2.1　はじめに

　学習者コーパスを作るのは膨大な時間と労力を要する作業である。I-JAS
のプロジェクトでは，大まかに 4 段階の検討および作業のステップを経て
最終的なコーパスの完成にこぎつけた。2 ～ 5 章ではそれぞれのステップに
ついて実際の作業の内容を紹介していく。

［1］　参加者の決定（どのような学習者を対象とするか？）
［2］　調査の設計と実施（どのような調査を行うか？）
［3］　音声データのテキスト化（音声データをどう処理するか？）
［4］　データの公開（集めたデータをどういう形で公開するか？）

　まず，2 章では「参加者の決定」に関して述べる。コーパスを作る上で重
要なことは，誰を対象としてデータを集めるのかを明確に決めることであ
る。これによって集められるデータの特徴が異なってくる。本章では，I-JAS
のデータがどのような参加者から取られたものなのかを具体的に紹介する。

2.2　調査対象とする参加者

　日本語学習者コーパスを作ろうとする場合，その対象が日本語学習者であ
ることは自明である。しかし，一口に日本語学習者と言っても，日本語を習
い始めたばかりで，日本語をまったく書いたり話したりできないとすれば，
データの収集は困難になるだろう。そこで，I-JAS では，対象とする日本語
学習者について以下の 3 つの基礎要件を定めた。

［1］　日本語を第二言語とすること
［2］　日本語母語話者との 30 分の対話に対応できること
［3］　ある程度読み書きが可能なこと

　また，同じ学習者と言っても，海外で日本語を学んでいる学習者もいれ
ば，来日して日本語を学んでいる学習者もいる。さらに，学校で教科書を
使って日本語を学んでいる学習者もいれば，生活の中で自然に日本語を身に
つけている学習者もいるだろう。そこで，I-JAS はこれらを「学習環境」の
違いと捉え，(1) 海外の教室環境，(2) 国内の教室環境，(3) 国内の自然環境
の 3 種を区別して学習者を集めることとした。加えて，学習者との比較資
料に使えるよう，日本語母語話者のデータも収集することとした。
　なお，学習者のデータに関しては，年齢および性別の統制はとっていな
い。
　以上の基本方針のもと，I-JAS は最終的に 1,229 名の参加者に調査を行っ
た。そのうち，条件に合わない学習者のデータや不備があるデータを除くな
ど公開に向けてデータの選定を行い，最終的に 1,050 名分を公開することと
した。下記はその公開データの全体像を示したものである。

表 1　I-JAS の参加者一覧

タイプ	サブタイプ	概要	人数
日本語 学習者	海外教室環境学習者	海外の教育機関で日本語を学ぶ	850
	国内教室環境学習者	来日して日本の教育機関で日本語を学ぶ	100
	国内自然環境学習者	就労・結婚等で来日し，生活の中で日本語を自然に学ぶ	50
日本語 母語話者	―	日本在住の一般の日本語話者	50

　海外教室環境学習者については海外でデータを収集し，その他の 3 タイ
プの参加者については国内でデータを収集した。以下では，これら 4 タイ
プの参加者について詳しく見ていく。

2.3　参加者のタイプ

2.3.1　海外の教室環境学習者

　外国語教育では，目標言語を「目標言語が話されていない場所で学習しているのか」，または，「目標言語が話されている場所で学習しているのか」，で区別することが多い。学習言語が日本語の場合は，前者は JFL (Japanese as a Foreign Language)，後者は JSL (Japanese as a Second Language) と呼ばれる。

　海外の教室環境学習者については，JFL 環境にある教育機関で体系的に日本語を学んでいる学習者を対象にすることとした。

　また，I-JAS はできるだけ多様な母語背景の学習者のデータを集めることを目指していたため，12 の異なる言語を母語とする学習者のデータを集めた。

　母語種別については，言語習得における母語の影響についても分析できるよう，言語類型論の分類を考慮して以下の 12 言語に決定した（表2）。なお，言語類型は角田 (1991) を参考にしている。

表2　海外調査における調査対象者の母語と言語類型

	母語	言語類型
1	インドネシア語	オーストロネシア語族
2	スペイン語	印欧語族－イタリック語派
3	タイ語	カム・タイ語族
4	トルコ語	アルタイ語族
5	ドイツ語	印欧語族－ゲルマン語派
6	ハンガリー語	ウラル語族
7	フランス語	印欧語族－イタリック語派
8	ベトナム語	モン・クメール語族
9	ロシア語	印欧語族－スラブ語派
10	英語	印欧語族－ゲルマン語派
11	韓国語	不明
12	中国語	シナ・チベット語族

　海外調査はインドネシア，スペイン，タイ，トルコ，ハンガリー，フランス，ベトナム，ロシア，英語圏（アメリカ，イギリス，オーストラリア，ニュージーランド），ドイツ語圏（ドイツ，オーストリア），韓国 (2ヵ所)，中国語圏（大

陸：2 ヵ所，台湾：2 ヵ所）の 17 ヵ国 20 ヵ所の教育機関で行った。

　さて，I-JAS が対象とする学習者については，すでに 3 つの基礎要件を定めたわけであるが（2.2 節参照），海外の教室環境学習者については，以下の 4 つの追加要件を設定した。

[1]　調査実施地において使用されている表 2 の言語を母語とすること
[2]　海外の教育機関において，日本語を初級から学習していること
[3]　均衡，偏重に関わらず，日本語を含むバイリンガルではないこと（日本語を含まない場合でも，母語が特定できないほどの均衡バイリンガルは対象外とした）
[4]　日本に留学経験がある場合は，日本の教育機関での所属が合計 1 年 3 ヵ月未満であること（夏休みや春休みなどの長期の休暇は含まない）

　なお，[1] の「母語条件」に関して，英語圏，とくにオーストラリアとニュージーランドにおいては，他国からの移民が多いという状況がある。そのため，当該学習者については，学習者の背景情報を調べる背景調査（3.4.1 節参照）の項目に加え，言語環境および言語使用に関して追加の質問を対面調査時に行った。この情報をもとに，移民した時期や家庭を含む言語環境などを精査し，英語母語話者であると判断できる学習者のみを選定した。

2.3.2　国内の教室環境学習者

　国内の教室環境学習者については，日本語レベルが初級の段階で来日し，JSL 環境の中で，日本の教育機関において日本語を体系的に学んでいる学習者を対象とした。上級者だけに偏らないよう，日本語学校や日本の大学に在学している幅広い学習者のデータを集めた。

　また，国内の教室環境学習者については，3 つの基礎要件（2.2 節参照）に加え，以下の 4 つの追加要件を設定した。

[1]　来日してから 1 年以上経過しており，日本の大学や語学学校で日本語を学んでいること（来日時の年齢は 10 歳以上であること）
[2]　調査時に 16 歳以上であること

[3]　　初級レベルから日本で日本語を学んでいること
[4]　　日本語を含むバイリンガルではないこと (母語が特定できること)

　なお，調査への参加人数が多いことや，日本で日本語を学習している学習者の国籍のばらつき，調査協力機関の状況などから，国内の教室環境学習者について，母語の統制はとっていない。

2.3.3　国内の自然環境学習者

　国内の自然環境学習者は，日本で生活をしながら，自然に日本語を習得している学習者と定義した。原則として，言語教育機関で体系的に日本語を学習していない人を対象としたが，日本で仕事や生活をするためには日本語が不可欠であり，全く日本語を勉強していない人はごく一部であると考えられる。また，調査への参加者を多く募るには，地域のボランティア教室を運営している団体に協力を仰ぐ必要があった。そのため，週に3回以内であれば，ボランティア教室に通っている人も対象とした。

　国内の自然環境学習者には，基礎要件 (2.2節参照) に加え，以下の3つの追加要件を設定した。

[1]　　調査時に 16 歳以上であること (来日時の年齢が 10 歳以上であること)
[2]　　日本で就労していること，あるいは日本人または外国人就労者の配偶者であること
[3]　　来日してから，1 年以上経過しており，日本の教育機関で日本語を学んだ経験がないこと (ボランティア教室や個人レッスンで日本語を学んでいる場合，週 3 回以内は許容)

　なお，国内で生活しながら日本語を習得している学習者の国籍のばらつき，調査協力機関の状況などから，国内の自然環境学習者について，母語の統制はとっていない。

2.3.4　日本語母語話者

　日本語母語話者については，以下の基礎要件を定めた。

[1]　　日本在住の日本語母語話者であること
[2]　　日本語が母語であること（バイリンガルではないこと）
[3]　　これまでに日本語教育に携わったことがないこと

　[3]の要件を加えたのは，日本語教師経験者は学習者コーパス構築という目的を意識して，発話をコントロールしてしまう可能性が考えられるためである。
　学習者の調査では，年代や性別の統制は取らなかったが，日本語母語話者については，年代と性別について大まかに統制をかけた。これは年代や性別による日本語使用の偏りを排除するためである。最終的な年齢比・男女比は以下の通りである。
　なお，日本語母語話者については，学習者に対して行った日本語習熟度調査は実施していない。

表 3　日本語母語話者の人数の内訳

	男性	女性	合計
20 歳代	10 名	10 名	20 名
30 歳代	6 名	8 名	14 名
40 歳代以上	7 名	9 名	16 名
合計	23 名	27 名	50 名

2.4　まとめ

　本章では，I-JAS の参加者タイプについて説明を行った。1 節で全体の概観を行った後，2 節では，I-JAS プロジェクトで対象とする日本語学習者の定義について説明した。
　3 節では，学習環境に注目し，(1) 海外の教室環境，(2) 国内の教室環境，(3) 国内の自然環境の 3 種を区別して学習者を集めたことを述べた。このことは I-JAS の特徴の 1 つにもなっている。
　以上の観点に留意して集められた 1,000 名を超える学習者に対して，日本語での調査が実施された。次章では，I-JAS で行った調査の内容や各国での実施方法の詳細について紹介を行う。

第 3 章

調査の設計と実施

3.1　はじめに

　2.1 節で述べたように，学習者コーパスの構築は，（1）参加者の決定，（2）調査の設計と実施，（3）音声データのテキスト化，（4）データの公開という 4 つの段階で進められる。3 章では，このうち，「調査の設計と実施」に関して述べる。

　I-JAS のデータの中核部は，調査者（インタビュワー役を担当した教員）と参加者（学習者および日本語母語話者）の間で行われた対面調査で収集された。多様な母語背景を持つ学習者が調査に参加していること，そうした学習者が性質を異にする多様なタスクに取り組んでいること，また，すべての参加者に同条件で調査を実施したことは，I-JAS の特筆すべき特徴であるが，I-JAS の対面調査とはどのようなものであったのだろうか。

　本章では，I-JAS 構築のために行った調査の全体像を紹介する。I-JAS を正しく利用するには，I-JAS の調査がそもそもどのようなもので，「何をどう調査したのか」を正確に理解しておくことが不可欠であると言えよう。

3.2　データ収集の基本方針

　学習者の日本語の習得状況を観察するには，日本語学習者の話し言葉や書き言葉のデータが不可欠である。では，具体的にどのようなタスクを与え，どのようなデータを集めればよいのであろうか。

　学習者コーパスの開発に際して，収集すべきデータは一義的に決まるものではない。というのも，研究目的に応じて必要なデータは異なるからである。逆に言えば，データ収集に先立ち，「何を目的としてデータを集めるの

か」を明確にしておくことが重要となる。

　1 章で述べたように，I-JAS のプロジェクトの目的は「日本語学習者の文法習得」を研究することで，とくに，母語・学習環境・習熟度の差が習得に及ぼす影響の解明に重点が置かれた（1.4.2 節参照）。そこで，I-JAS の調査では，学習者の様々な背景要因と日本語習得の関係を科学的に分析するためのデータ収集を基本方針とした。

　もっとも，I-JAS の活用範囲は「文法習得研究」に限らない。たとえば，「句・文・談話構造の習得」，「コミュニケーション上の談話展開」，「ストラテジーの使用実態」といったテーマについても広く研究することが可能であろう。

3.3　I-JAS 調査の全体像

　I-JAS 調査は，原則として，事前調査→本調査→事後調査の順で行われた。本調査と事後調査は各調査地で連続して実施された。

　事前調査は，調査者や監督者が立ちあわない非対面の調査である。参加者全員を対象に背景調査を実施し，また，一部の参加者を対象に任意作文調査を実施した。

　本調査は，調査者と参加者が対面で行う調査である。なお，対面調査の最後には作文タスクが含まれる。

　事後調査は，コンピュータ上で行う習熟度調査である。監督者の立ちあいのもと，学習者はコンピュータで 2 種類の習熟度テストを受験した。

　一連の調査の流れは下記の通り（表 1, 次頁）である。なお，一部の国では現地の事情により，実施順序を入れ替えた場合がある。

　これらの調査の総体を「I-JAS 調査」と呼ぶ。なお，背景調査と習熟度調査については，前者はフェイスシート（後述）と呼ばれるオンライン調査票を用いて，後者はコンピュータを用いて実施したことから，それぞれ，フェイスシート調査，PC 調査と呼ぶ場合がある。以下，各調査の概要を示す。

表1 I-JAS調査の全体像

順序	対面性	参加者	調査のタイプと実施したタスク
事前	非対面	全員	背景調査（約20問）
		一部	任意作文調査：作文タスク（2種）
本調査	対面	全員	対面調査 発話調査：口頭タスク（3〜4種） 作文調査：作文タスク（1種）
事後	監督あり	全員	習熟度調査（2種）

3.4 事前調査

　事前調査は，非対面で行われる。まず，参加者全員が，属性や学習背景を問う背景調査に回答する。さらに，一部の参加者が与えられた課題について任意で作文を行う。以下，背景調査と任意作文調査の2種について，調査した内容および調査の方法について説明する。

3.4.1 背景調査

　すでに述べたように，I-JASでは3種の学習環境を区別してデータを収集したわけであるが，同じ学習環境の学習者であったとしても，男性か女性か，日本語にどの程度接触しているか，どのような指導を受けているのか，どの程度の習熟度段階にあるか，といった点で，さらに細かいが違いが存在する。

　I-JASではこうした背景情報が習得研究に不可欠であると考え，学習者の属性，言語環境，日本語学習や日本語との関わり，習熟度などについての情報を細かく収集することとした。

　こうした情報は「フェイスシート」と呼ばれる調査票を使って体系的に収集した。「フェイスシート」とは，アンケート調査を行う際に，調査票の最初のページ（フェイス）に属性に関する質問をならべ，回答者の属性情報を得るためのシートを指す。I-JASのプロジェクトでは，後述するように，フェイスシートをオンライン化して調査に利用した。

　フェイスシートで調査したのは以下の20項目である。回答は学習者の負担とプライバシーにも配慮し，「答えたくない／答えられない」という選択肢も設けた。

【属性等（言語を除く）】

1. 氏名
2. 性別
3. 所属
4. 職業経験（アルバイトは除く）
5. 出身国
6. 出生年
7. 現在住んでいる国とその年数

　1 の「氏名」は，国によって表記が漢字，アルファベット，現地語など，異なるため，原語・アルファベット・カタカナの 3 種を姓・名の順で記入することとした。公開時には参加者が特定されないよう ID のみを公開するが，調査を進める上で取り違えなどが起こらないよう，ID と氏名で確認できるようにした。3 の「所属」については，「身分」の欄に学生か非学生かの情報を公開している。4 の「職業経験」は，社会経験の有無がコミュニケーション能力に影響する可能性があるため確認した。短期の仕事や一時的なアルバイトは含めないよう指示したが，参加者の回答を尊重した。6 の「出生年」は，調査時の年齢を確認するために含めた項目で，年齢に換算したものを公開している。7 は，海外の参加者について移民であるかどうかを確認するため，国内の参加者については，日本での居住年数を確認するために取り入れた。

【言語環境】

8. 母語（中国語の場合は方言も確認）
9. 家族の母語
10-1. 住んでいるところで日常的に日本語が話されているか
　10-2.「はい」の場合，誰が話しているか
11. 親しい友人に日本語母語話者はいるか
12. 日本語の授業以外でどのようなときに日本語を使うか
13-1. 母語以外の日常的に使える言語があるか
　13-2.「はい」の場合，その言語は何か
14. 外国語の授業以外で先生が使用する言語は何か（大学入学前／大学）

　8の「母語」は，学習者の母語を特定するため確認した。9の「家族の母語」は，家庭内での言語環境を把握するため，祖父母・両親・兄弟・子について確認した。言語環境に複雑な事情がある場合は，幼少期の両親の言語について確認した。10では日本語の授業以外で，どの程度日本語のインプットがある環境で生活しているのかを調べた。11は日本語母語話者との直接的なインタラクションがどの程度あるかを確認するために含めた。12では日本語の授業以外でどの程度日本語をアウトプットする機会があるかを確認した。13では日本語以外の外国語の言語能力が日本語の習得に影響する可能性を把握するために確認した。14は参加者の母語を明確にする目的で，これまでに通った教育機関においてどの言語で教育を受けたかを確認した。教育言語が調査地で使用されている言語と異なる地域やイマージョン教育（外国語で教科を指導する教え方）を受けている可能性を確認するためである。語学の授業で使用されていた外国語は含めていない。

【日本語学習】

> 15. 日本語学習のきっかけは何か
> 16. 現在，日本語をどのように学んでいるか
> 17. 日本語でする活動は何か
> 18-1. 教育機関で日本語学習の経験があるか
> 　18-2.「はい」の場合，機関と時期
> 19. これまでに勉強した日本語の教科書は何か
> 20-1.《日本以外》来日経験の有無
> 　《日本在住者》以前の来日経験の有無
> 　20-2.「はい」の場合，期間・目的

　15は，先行研究において学習動機づけ（learning motivation）が言語学習のスタイルや言語産出に大きく影響するとされていることをふまえ，日本語学習の動機づけタイプを確認するために含めた。16および17は現在の日本語学習者の状況を確認するためのものである。18では，独学で日本語を学習している学習者もいるため，現在とこれまでの教育機関での日本語学習歴を確認した。大学で学習した場合は主専攻か主専攻以外かも確認した。19は，

学習者の言語習得に教科書が影響している可能性を考慮し，確認した。
　これに加えて，国内の教室環境の学習者には，以下の項目についても追加
で確認した。

【国内の教室環境学習者への追加項目】

> 4-2. 職業経験は国内か海外か
>
> 7-2. 今住んでいる都道府県
>
> 9-2. 現在一緒に住んでいる人の情報（家族 / 友人 / 日本人の有無）
>
> 14-2.「14」の回答は母国のことか日本のことか
>
> 18-3.「18-2」は母国のことか日本のことか

　4-2 は，日本国内の学習者の場合，職業経験が日本か，母国かによって影
響が異なる可能性を考慮し，取り入れた。7-2, 9-2 については，日本での
生活状況を把握するために確認した。14-2, 18-3 については，母国でのこ
とか，日本でのことかを明確にするために含めた。
　さらに国内の自然環境学習者には，以下の項目を追加で確認した。

【自然環境学習者への追加項目】

> ・来日年，滞日年数
>
> ・これまでの移住地
>
> ・自国の授業で使用された言語
>
> ・職業経験（海外 / 日本）・日本での職業内容・期間・職場での日本語使用
> 　の有無と使用相手
>
> ・家庭・仕事先以外で日本語を誰と話すか
>
> ・現在の日本語学習の有無と時間
>
> ・これまでの日本語の学習経験の有無と時間

　国内自然環境学習者の場合は，来日してからの状況（年数・移住地・職業内
容・期間・日本語学習の有無）を把握するための質問や，母語を明確にするた
めの母国での状況を確認するような質問が追加されている。
　背景調査は，日本語母語話者にも実施した。質問項目は，学習者ほど詳細

に聞く必要はないため，下記の 11 項目である。

【属性等（言語を除く）】

　1. 氏名
　2. 性別
　3. 出生年
　4. 学生か非学生か
　5. 職業経験の有無
　6. 小学校卒業時（12 歳）までの居住地（都道府県）とその年数
　7. 現在住んでいる都道府県とその年数

　6 については，言語形成期において使用した方言などが，その後の言語使用に影響がある可能性から項目に入れたものである。

【言語環境】

　8-1. 海外生活の経験の有無
　　8-2.「はい」の場合その場所と時期
　9-1. 日本語以外で日常的に使える言語の有無
　　9-2.「はい」の場合，その言語は何か
　10. 日本語教師の経験の有無
　11-1. 学校の授業を日本語以外の言語で受けたことがあるか
　　11-2.「はい」の場合，その言語は何か

　8 や 9 は，海外生活が長い場合や，他の言語を話せることが，言語使用に影響を与えることが考えられるため設定した項目である。また，10 は日本語教育に携わったことがないということが募集の際の条件としてあるのだが，再度確認するために設けた。11 については，イマージョン教育を受けた経験の有無を聞いたもので，これも日本語使用への影響の可能性を考慮に入れての項目である。

　背景調査を実施するにあたり，考慮したのは，質問項目が多いことによる参加者の負担，そして，データの収集方法とその管理についてである。それ

らを解決するために，ウェブ上で回答可能なシステムを作成した。これにより，海外であっても対面調査の実施前に，参加者にメールを使って回答するウェブページやログインのための情報を知らせることで，回答を依頼することができる。参加者は，自身の都合に合わせて自宅等で入力が可能であり，負担が軽減される。入力された回答は随時プロジェクト研究員が確認でき，不備に対するフォローが可能となる。また，収集したデータは人手を介することなく管理できるので，大量のデータであってもミスが起こりにくいなど，多くの利点があった。

　フェイスシートの質問項目は，参加者が答えやすいように，また，情報を正確に収集するために，10種類の言語（インドネシア語，英語，韓国語，スペイン語，タイ語，中国語簡体字版，中国語繁体字版，ハンガリー語，フランス語，ベトナム語）に翻訳をしたものを使用した。

3.4.2　任意作文調査

　非対面調査では，背景調査（3.4.1 節参照）に加え，任意作文調査として，2種の作文タスクを行った。後述するように，対面調査にもイラストのストーリーを描写する作文タスクが含まれるが，非対面の任意作文調査では，それとは異なる種類および異なる実施環境で作文が集められている。

　任意作文調査は参加者のうち，追加調査への協力に同意した参加者を対象に，表2の2種類のタスクを行った。メール作文が3タスク，エッセイ作文が1タスクで，実際に日本語学習者が日本語で書く可能性のある状況を設定した。

表2　非対面の任意作文調査で行ったタスク

調査	タスクタイプ	タスク数
非対面作文 -1	メール	3タスク
非対面作文 -2	エッセイ	1タスク

　メール作文の内容は，(1) 教師に奨学金応募のための推薦状を依頼する，(2) 教師に期日までにレポートを提出できないことを伝える，(3) 以前お世話になった教師から自国の案内を依頼されたが，用があるため対応できない

ことを伝えるというものである。

　エッセイ作文は，日本の新聞社が「私たちの食生活：ファーストフードと家庭料理」というテーマで 600 字程度のエッセイを募集しており，優秀作品には賞金が与えられるという設定を示した上で，文章を作るものである。

　上記のいずれの作文に関しても，普段，日本語作文をするのと同じ状況で行えるよう，時間制限，インターネットや辞書などの使用の制限は行わなかった。ただし，日本人や日本語教師に尋ねたり，助けを求めたりしないよう指示した。

表3　任意作文調査のプロンプトとデータの一例

任意作文調査タスク	プロンプト（指示文）
メール1	あなたは日本に留学するために日本の奨学金支援団体に奨学金の申請をしたいと考えています。申請には推薦状が必要なので，以前，日本に留学したときにお世話になった加藤一郎先生に推薦状を書いてほしいと依頼するメールを書いてください。
メール2	あなたは，田中和夫先生の「現代日本の政治」という授業で学期末のレポートを提出しなければなりません。提出の締め切りは明日ですが，一週間前から友人が遊びに来ていたため，明日までにレポートを書き終えることができそうにありません。レポートを出さないと進級できず，それは困るので，田中先生にメールを書いてください。
メール3	あなたが日本に留学していたとき大変お世話になった鈴木愛子先生からメールが届きました。来月，学会であなたの国に来ることになりましたが，学会は 2 日で終わるので，そのあと，あなたに観光案内してほしいというものです。ところが，あなたはちょうどその日に別の用事があって，どうしても観光に付き合うことができません。鈴木愛子先生に返信のメールを書いてください。
エッセイ	《エッセイ》 「私たちの食生活：ファーストフードと家庭料理」 日本の新聞社が「私たちの食生活」というタイトルで，エッセイを募集しています。最優秀作品には，賞金 3 万円が与えられます。 ◆課題◆ 私たちは日常生活で，ファースト・フードと家庭でゆっくり味わう手作りの料理を食べています。ファースト・フードと家庭料理を比較し，それぞれの良い点や悪い点などを説明して，「食生活」についての意見を 600 字程度で書いてください。

　上記の作文調査の指示文（プロンプト）については，あらかじめ，11 種類の翻訳版を用意しておき，参加者の母語に合ったプロンプトを提示した。プロンプトの設定は対象者によって若干変更したが，相互比較できるよう，プロンプトの核になる設定や，メールを送る相手と自分との上下関係などは同一とし，表現や状況のみを変更することにした。以上に，メール 1，メール 2，メール 3，エッセイの順で，プロンプトの一例（海外学習者用の日本語版）を示す（表 3）。各調査地で使用した翻訳版は，サポート用ウェブサイトに掲載する。

　また，任意作文調査の実施後にはアンケートも実施した。アンケートの内容は，タスクに要した時間，作成に使用した機器と入力システム（アプリ），母語や日本語での文章構成に関するこれまでの学習経験の有無などである。非対面の任意作文調査は監督者なしで行われたことから，インターネット上の記事等をそのままコピーしている可能性もある。そのため，任意作文調査のデータについては，統制が取れていないデータであるという点を理解した上で，留意して利用することを推奨する。

3.4.3　事前調査の実施方法

　事前調査は本調査に先立ち，各参加者にメールで連絡し，指示を行った。指示内容は任意作文調査への協力の有無によって異なる。任意作文調査を行わない場合は，背景調査のみの指示，任意作文調査にも参加する場合は，背景調査と任意作文調査の指示が行われた。

　メールには，背景調査用の URL とログインに必要な ID と PW，および回答期限を記載し，任意作文調査を行う場合は任意作文調査用のフォーマットを添付して送った。フェイスシートへの回答や作文提出に関して不備があった場合には，再度連絡し，確認を取った。

　各参加者に連絡する際には，現地協力者のメールアドレスも同報にしておき，滞りなく事前調査が進められるようサポートを依頼した。

　具体的な事前調査の流れは，図 1 の通りである。

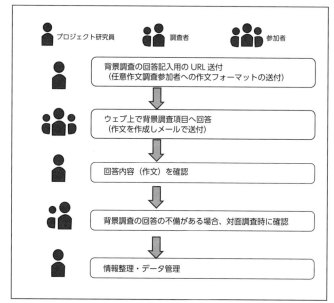

図1　背景調査の流れ

　背景調査においては，海外の教室環境学習者，および国内の教室環境学習者に対して，ほぼ上記のような流れで行ったが，国内の自然環境学習者については，少し状況が異なる。コンピュータの使用が困難である，用意した10種類の翻訳資料以外のものが必要になる，調査項目が多く複雑なため学習者の負担になる，など様々な懸念が出てきた。そのため，ウェブによる回答ではなく，下記2つの方法のどちらかで調査を行った。

　1つは，対面調査の後に，背景調査をする時間を30分ほどとり，調査と同日に対面で背景調査を行う方法である。調査者が，直接質問をして回答を聞いた上で，質問用紙に書きこんでいった。

　もう1つは，対面調査実施の1〜2ヵ月ほど前に，調査協力を依頼した機関（地域のボランティア教室を運営している団体など）に紙媒体で質問用紙を送り，機関が参加者と連絡を取って回答を収集し，記入済みの用紙を送り返してもらうという方法である。収集した回答は，海外・国内の教室環境学習者

のときと同様，プロジェクト研究員により回答確認を行い，無回答や不明瞭
箇所があった場合，対面調査実施当日に確認を行った。

　2 種類のうちどちらの方法で行うかは，調査協力を依頼した各機関と相談
し，参加者の負担が少なくなる方法を採用した。

　日本語母語話者については，項目も少なく，背景調査への負担も大きくな
いと思われるため，対面調査実施日当日に，コンピュータで入力してもらっ
た。

3.5　本調査 (対面調査)
3.5.1　対面調査の準備
3.5.1.1　対面調査内容の決定

　3.2 節で示した基本方針を決定した後，1 年間かけて，具体的な対面調査
のタスクの設計を行った。各タスクはプロジェクトメンバーで何度も検討を
重ね，パイロット調査を行った上で，最終的に，全 5 種類，合計 8 タスク
に決まった。なお，前述の任意作文調査を加えると，タスクの数は 7 種類，
12 タスクとなる。

表 4　対面調査で行ったタスク

タスク順	タスク名	タスク数
対面 -1	ストーリーテリング	2 タスク
対面 -2	対話	1 タスク
対面 -3	ロールプレイ	2 タスク
対面 -4	絵描写	1 タスク
対面 -5	ストーリーライティング	2 タスク

3.5.1.2　調査者の研修

　I-JAS の調査は，海外 17 ヵ国 20 ヵ所，日本国内 10 ヵ所で行った。その
ため，対面調査を実施する調査者の数は 17 名となった。調査者は基本的に
2 名 1 組になり，各地へ赴いて対面調査を行った。多くの調査者が関わるこ
とで，参加者のデータに調査者による差が出ることが懸念されたので，事前
に 2 種類の研修を行った。

　まず，本格的な調査が始まる前にセミナーを実施した。セミナーでは，調査者の質問の仕方によって，学習者の発話がどのように変わるかなどを講師から学んだ。そして，I-JAS 調査の目的や理念などを共有した上で，I-JAS 調査では話をどのように引き出していくのかをトレーニングした。

　2つ目の研修は，実際に調査地へ行く直前に行った。調査の際には，調査者によるインストラクション（指示の与え方）の違いが学習者の発話に影響することを防ぐためのタスクの指示の出し方や，録音の仕方など細部への注意が必要となる。そこで，調査方法の統一を図るために調査マニュアルを作成した。2つ目の研修では，各調査の実施直前に調査マニュアルをもとに，調査を行う調査者2名とプロジェクト研究員で，対面調査の具体的な流れや，各タスクの細かい注意点などを確認した。

3.5.1.3　対面調査会場の設営

　対面調査で使用した IC レコーダーは Roland R-05 である。外付けのマイクは使用しなかった。これは，マイクを使用することによって学習者が過度に緊張する可能性を考慮したためである。

　調査は長時間にわたるため，IC レコーダーをコンセントにつなぐ必要があった。そこで，コンセント付近に机を設置した。学習者に心理的な負担を与えないよう，調査者と参加者は対面で着座するのではなく，机の角を使用してその両辺に座ることとした。また，室内の離れた場所に，作文タスクで使用するパソコンを置いた。

　会話の音声を正しく録音するため，調査者と参加者の中央付近（やや学習者に近い位置）に IC レコーダーを置いた。IC レコーダーはメインとサブの2台を用意した。タスクごとに独立した音声ファイルとして記録するため，メインレコーダーは，タスクごとに録音開始と停止（一時停止ではない）の操作を行った。サブレコーダーは，メインレコーダーに不具合があったり，録音をし忘れたりした際の補助的なもので，最初のタスクが始まる際に録音を開始し，対面調査の最後のタスクが終わるまで常時録音とした。

図 2　対面調査風景（奥が調査者，左が参加者。画像処理済）

　海外の調査地では調査環境が様々であったが，できる限り外の雑音が聞こえない場所を選び，机の位置を決めた。とくに，廊下や窓の近くなどは騒音が入る場合もあるので，それらを排除できるように注意した。また，チャイムがなる場合もあったため，各部屋でコントロールが可能な場合は教室のチャイムを切るなどの対策をとった。

3.5.2　対面調査の流れ

　対面調査では最初に調査説明（約 10 分）を行い，その後 5 種のタスク（約75 分）を実施した。対面調査終了後は，部屋を移動して，習熟度調査（約 80分）を実施した。下記は全体の流れをまとめたものである。

表5 I-JAS 調査の流れ

手順	作業	所要時間 （分）
	調査説明	
1	調査の説明・同意書	5
2	フェイスシートの確認	5
	本調査	
1	ストーリーテリング（2 タスク）	10
2	対話	30
3	ロールプレイ（2 タスク）	10
4	絵描写	5
5	ストーリーライティング（2 タスク）	20
	習熟度調査	
1	SPOT	20
2	J-CAT（Can-do を含む）	60
3	謝礼の対応	10

　以下，各々のステップについて概略を示す。

3.5.2.1　調査説明

　調査開始にあたり，調査者は簡単な自己紹介の後，調査の目的と流れを説明し，調査参加への同意を取った。同意が得られたら，同意書に署名を促した。同意書は2枚用意し，1枚は参加者に渡し，もう1枚はプロジェクト側で保管することとした。

　その後，フェイスシートの確認をした。フェイスシートは，対面調査の前に，各自学習者にウェブページで入力してもらっていたが，回答が不足している箇所や，質問の意図と回答があっていない箇所については，調査者が口頭で確認した。日本語で確認するのが難しい場合は，調査の最後に回し，英語などの媒介語を使用してチェックすることにした。調査の最後に回した理由は，調査を始める前に媒介語を使ってしまうと，調査中にも媒介語を使用してしまうというリスクを回避するためであった。以下，5種のタスクの概要について解説する。

3.5.2.2　ストーリーテリングタスク

　調査対象者の大部分は日本語学習者であるため，参加者の負担を考え，対面調査は，ストーリーテリングから始めることとした。というのも，海外の調査地によっては，これまでに教師以外の日本人と話す機会がほとんどなく，日本人調査者と話すことに躊躇する場合があると考えたためである。日本語能力レベルの低い学習者でもイラストを手掛かりに話すことで緊張を和らげることができると考えた。

図3　イラスト（ピクニック）（本来は5コマが縦1列になっている）

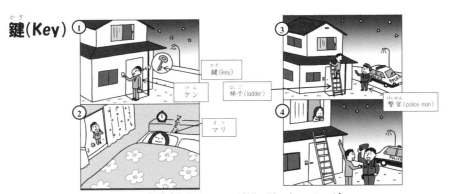

図4　イラスト（鍵）（本来は4コマが縦1列になっている）

　このタスクは，提示された 4 コマあるいは 5 コマのコマ割り漫画のストーリーを話すというもので，「ピクニック」と「鍵」と題された 2 種類のイラストを用いて行った。ストーリーのあるイラストを使用することで，ある程度まとまった談話を引き出すことができる。また，対話では使われることが少ない受身・自他動詞・複合動詞などの文法項目の使用状況も観察できると考えられる。

　タスクに使用したイラストは先行研究で使われたものを使用する予定であったが，子どもだけで外出する場面が国によって望ましくないとされる可能性があったので，文化的な面にも配慮し，イラストレーターに書き直しを依頼した。

　調査では，左側にタイトルとコマ割り漫画が，右側に指示文（「絵をよく見てください。そして，この 5 つの絵のストーリーを話して下さい。」）と下線の欄がある資料を作成して使用した。下線の欄を用意したのは，参加者にストーリーを話すという意識を持ってもらうためである（サポート用ウェブサイト参照のこと）。

　なお，指示文の漢字およびカタカナにはフリガナを付け，イラスト中の登場人物の名前や旧日本語能力試験の 2 級以上の名詞語彙には日本語と英語の訳を付与した。たとえば，図 4 では，3 コマ目の「梯子」には「はしご」という読みと「ladder」という英訳が添えてある。

　タスクを始める前に，イラストの内容を確認する時間を 1 分程度設けた。調査者によって差が出ないよう指示文は共通とした。学習者には，調査 ID，タスクのタイトルと，指定された言い出し文（ピクニックでは「ケンとマリはサンドイッチを作りました」，鍵では「ケンはうちの鍵を持っていませんでした」）を読み上げてから，ストーリーを自由に話すように指示した。

　なお，同じイラストを対面調査の最後に行うストーリーライティングでも使用するため，ストーリーテリングの途中や終了後に学習者から語彙などを尋ねられても，その時点では答えず，すべての対面調査が終わってから対応するようにした。

3.5.2.3　対話タスク

　対話は 30 分程度の会話を行うタスクであり，発話データの主要なタスクである。タスクの時間を 30 分とることで様々な話題について話すことができるが，長時間にわたる調査であるため，学習者の疲れを考慮し，対面調査の前半に行った。

　学習者間でデータを比較する場合，話題が異なると使用する語彙や文法にも差が出てしまうため，話題を設定し，それに沿って会話を進めるようにした。できる限り自然な会話となるよう，うまく流れを作り，参加者の言語運用をより多く引き出せるよう心掛けた。自然な流れで会話を進めるという手法は OPI（Oral Proficiency Interview）を参考にしたが，本調査では対面調査において，評価は行わない方針であるため，OPI で行われる学習者の日本語能力の限界を探るような「突き上げ」と呼ばれる手法は行っていない。

　対話は以下（表 6, 次頁）の流れで行った。全体で 7 種のトピックがあり，それぞれについて 1〜3 つの話題が用意された。質問数は全体で 15 となる。

　前半は学習者本人の過去，現在，未来に関する内容をバランスよく配置し，後半には談話レベルの発話が引き出せるように意見陳述や反論ができるような話題を設定した。初級レベルの学習者もいたため，意見陳述の 6-2 で「田舎」と「都会」という語彙がわからない場合に備え，風景のイメージ写真を準備し，適宜使用した。一問一答とならないよう自然な会話の流れを重視したため，話題の順序は多少入れ替わることもあったが，基本的に 30 分前後で終了できるように調整しながら行った。

　日本語学習者の日本語のレベルが低い場合，うまく日本語で表現できないこともあるが，学習者の発話を遮るようなことはせず，しっかりと最後まで発話を聞くように努めた。逆に日本語学習者の日本語のレベルが高い場合は学習者がずっと話し続け，他の話題に移れない場合もある。そのような場合は，他の項目が質問できなくなったり，時間をオーバーする可能性があるので，時間配分を考慮して，次の質問へ移るようにした。学習者からできるだけたくさん発話を引き出すため，学習者の発話したことをすぐに理解するのではなく，知っている情報でも知らないふりをして，その内容を説明してもらうようにした。

表6　対話の流れ

(1) ウォーミングアップ	
1-1	ウォーミングアップ（天候などリラックスする雰囲気作り）
1-2	昨日の 1 日の出来事【過去】
(2) 日本について	
2-1	日本語学習の動機・日本に対する関心事について【現在】
2-2	日本のサブカルチャー【現在】（会話例：日本の本を読んだり，映画やドラマを見たりするか？）
(3) 学習者の出身地について	
3-1	出身地についての話【現在】
3-2	出身地の料理や食べ物や有名な産物【現在】
3-3	出身地の有名な観光地，推薦できる観光スポット【現在】（会話例：私が～さんの故郷に行ったら，どこを観光したらいいですか？）
(4) 出身地の話題から過去の体験について	
4-1	出身地の誕生日（伝統的行事）の祝い方【現在および過去】（会話例：～さんの国では誕生日はどんなことをしますか？）
(5) 過去の体験について	
5-1	幼少期の体験【過去】（会話例：小さいころはどんな子どもでしたか？）
5-2	これまで通った学校の好きだった先生の話【過去】
5-3	恐怖体験（なければ幸福体験）の話【過去】（会話例：今まででとても怖かった経験がありますか？）
(6) 過去から将来へ	
6-1	将来の進路や夢について【未来】（会話例：これからどんな仕事がしたいですか？）
6-2	議論「都会に住むか，田舎に住むか」【意見陳述＆反論】（会話例：10 ～ 20 年後，住むとしたら都会がいいか，田舎がいいか？）
6-3	議論「お金が大事か，時間が大事か」【意見陳述＆反論】（会話例：～さんにとっては，お金と時間のどちらが大切ですか？）
(7) クールダウン	
7-1	明日や今後の予定などを聞いて，激励の言葉を述べる。

3.5.2.4　ロールプレイタスク

　対話タスクは一般的な自然会話や日常会話に近く，学習者の日本語による課題遂行能力は観察できない。そこで，ロールプレイタスクを用意した。多面的に分析できるよう，ロールプレイでは「依頼」と「断り」という対照的

な2種類の言語機能を持ったタスクを設定した。

　具体的には，日本料理店でのアルバイト場面という設定で，2種類のタスクを行った。1つは店長にアルバイトの出勤日数の変更を依頼するもので，もう1つは店長からの仕事内容の変更依頼を断るものであった。本調査は，初級から上級レベルの幅広い学習者を対象として調査を行うため，どのレベルの学習者に対しても実施が可能であること，学習環境の異なる国内外の学習者にも対応可能なタスクであることを考慮し，タスクを作成した。また，場面設定やタスクの指示内容が正確に理解できるよう，ロールカード（状況設定を参加者に伝えるカード）は11言語に翻訳したものを用意した。以下のロールカードは日本語版である。調査で使用した各翻訳版はサポート用ウェブサイトに掲載する。

《ロールプレイ（1）》
あなたは，日本料理店でアルバイトをしています。接客スタッフとして注文を取ったり，料理を運んだりしています。勤め始めてからずっと接客の仕事をしてきたので，この仕事にもすっかり慣れ，知り合いのお客さまも増えました。
　今は，一週間に三日アルバイトをしています。しかし，忙しくなってきたので，一週間に二日に変更したいと思っています。そこで，店長に言って三日から二日に変えてもらうように頼んでください。
（準備ができたら始めますから，準備ができたら教えてください。）

図5　ロールカード1

《ロールプレイ（2）》
あなたは，日本料理店でアルバイトをしています。接客スタッフとして注文を取ったり，料理を運んだりしています。
店長さんから，「料理を作る人が一人やめたので，来月から料理を作る仕事を担当してほしい」と言われました。しかし，あなたは料理は苦手だし，日本人と話せる仕事がしたいので，この話を断りたいと思いました。
店長に，料理の仕事の話をじょうずに断って，今の仕事を続けられるように話してください。
（準備ができたら始めますから，準備ができたら教えてください。）

図6　ロールカード2

　調査の実施にあたっては，まず，ロールカードを見せ，タスクの内容が確認できたら，ロールカードを回収し，タスクを開始した。ロールプレイのや

り方がわからない参加者に対しては，先に簡単にロールプレイのやり方を説明してから行った。調査者はすぐに学習者の要望に応えるのではなく，依頼や断りの説明や理由などをしっかりと引き出せるよう，何回かやりとりをするよう心掛けた。

3.5.2.5　絵描写タスク

　絵描写タスクは，対話では観察しにくい動詞活用（「テイル形」など）の習得状況を調査するために加えたものである。日本語能力レベルの低い学習者でも達成感が得られるよう，イラストを見ながら，話せる内容を好きな順序で発話するタスクとした。イラストは，許（1997）の研究で使用されたものを著者の許可を得て使用した。

図7　絵描写タスクのイラスト

　調査を始める際には，「私（調査者）は，その絵を見ることができませんので，その絵について，私に日本語で説明してください。家の中のことと家の外のことを分けて，教えてください」と指示してから開始した。
　「家の中」「家の外」それぞれについて，1～2分，自由に話させた。「～

ている」を使った表現があまり出ない場合は，「人はいますか。人が…？」
のように，発話を促す質問をした。また，最初にやり方などを説明する際や
発話を促す質問をする際には，調査者側が「～ている」表現を使用しないよ
う注意した。

　この調査は，調査実施期間の途中から実施することになったもので，タイ
語母語話者，英語母語話者の一部（オーストラリア・ニュージーランド調査），
ドイツ語母語話者，ロシア語母語話者，トルコ語母語話者のデータは収集さ
れていない。

3.5.2.6　ストーリーライティングタスク

　ストーリーライティングでは，ストーリーテリングと同一の資料を用いて
作文を行う。これは，同じ内容についての口頭産出と筆記産出を比較できる
よう用意されたタスクである。ただし，両方のタスクの実施間隔が短いと，
最初に行った発話が後で行う作文の内容に直接的に影響してしまう可能性が
あるため，対面調査の冒頭にストーリーテリングを，最後にストーリーライ
ティングを行うことで，両タスクの間に40分から50分の間隔をあけた。

　具体的には，ストーリーテリングと同じ2種類のコマ割り漫画を見せ，
そのストーリーを対面調査会場に用意されたコンピュータに入力させた。制
限時間は1タスクにつきおよそ10分で，辞書やインターネットの使用は不
可とした。基本的には，日本語入力の可能なパソコンを使用して調査を行っ
たが，日本語の入力が困難な場合は手書きで対応した。また，ストーリーラ
イティングで書くストーリーは，ストーリーテリングと全く同じでなくても
よいことを学習者に伝えた。

　参加者がコンピュータ上で作文をしている間に調査者は参加者へのコメン
ト（調査参加の御礼と励まし）をカードに書き，ストーリーライティング終了
後に手渡し，コメントの内容を一緒に確認しながら，今後の日本語学習への
アドバイスを行った。これは，調査は研究者のためだけに行うのではなく，
参加者にとっても学びや実りがあるべきだというI-JAS調査の理念に基づい
ている。この取り組みは参加者および現地協力者からも好評であった。

```
調査 ID：                        氏名：
(1) ピクニック
朝，ケンとマリはサンドイッチを作りました。


(2) 鍵
ケンはうちの鍵を持っていませんでした。
```

図8　ストーリーライティングの入力フォーマット

3.6　事後調査（習熟度調査）

　事前に行った背景調査によって学習者の個別的な背景が幅広く調査されたわけであるが，それらに加えて重要なのは学習者個々の日本語の習熟度である。同一母語の学習者であっても，初級者・中級者・上級者では産出する日本語の質が大きく違うことは容易に想像できる。また，母語集団ごとに，習熟度に偏りが存在する可能性も考えられる。つまり，コーパスを使って異なる学習者集団を科学的に比較するためには，習熟度の情報が不可欠となる。

　従来の学習者コーパスは，習熟度の情報がないものや，学習者が産出した発話や作文に対する主観的評価情報しかないものが多かった（1.3.2 節参照）。これに対し，I-JAS には，学習者の言語能力を判断するための客観的情報として，「J-CAT」（www.j-cat.org/）と「SPOT」（ttbj-tsukuba.org/）という 2 種類の言語テストの得点情報が含まれている。I-JAS に含まれているすべてのデータは，この 2 つのテストの点と結びついているため，データを日本語能力レベルとの関連で分析できる。

　以下では，I-JAS のデータの価値を 3 つの観点から考えてみたい。1 つ目は客観テストを行っている点，2 つ目は複数のテストを行っている点，3 つ目はデータ収集と同時期にテストを行っている点である。

　1 つ目に関して，学習者の作文や発話を直接的に評価する主観評価の手法では，評価者によって評価がずれやすく，一貫性をもった評価が難しいという課題がある。それに対して，客観テストの場合，評価者の主観に左右されず，評価基準が一定しているというメリットがある。

　2 つ目に関して，どのようなテストであれ，1 つのテストですべての能力

を測るのは難しいということがある。こうした課題を解決するには，複数のテストを用いて，複眼的に能力を捉えることが推奨されている。そこで，I-JAS では，言語運用に関する能力を中心的に測る「SPOT」(小林典子，2015)と，(どちらかと言えば)言語知識に関する能力を中心的に測る「J-CAT」(今井，2015) の両方を用いて，データ提供者の言語能力を複眼的に測っている。

　3つ目に関して，言語能力は常に変動する性質を持っており，言語能力の測定とコーパスデータの収集は同一時点で行われることが理想的だということがある。I-JAS は対面調査の実施と試験の実施が同時期に行われているため，産出データと測定された習熟度の紐づけがはっきりしており，より信頼性の高い分析ができる。

　なお，2種のテストを使った習熟度調査の実施方法 (詳細は 3.6 参照) としては，対面調査を終えた後，すべての学習者が別室に移動し，コンピュータ上で SPOT と J-CAT を受験した。後述するように，2つのテストはオンラインでも利用できるが，今回の調査は，海外 17 ヵ国 20 ヵ所，国内 10 ヵ所で行うため，国や地域によってはネット環境が不安定なところもある。そのため，両テストの開発者の協力を得て，ネット環境がなくても利用できるよう，使用するコンピュータにあらかじめテストシステムをインストールした上で現地に持参してテストを行った。ただし，現地の事情により，イギリスとフランスではウェブ上でテストを実施したが，他の地域と同様，対面調査とほぼ同時期に，監督者付きで行った。

　以下では，I-JAS で利用した 2 種のテストの概要について見ておこう。

3.6.1　J-CAT

　J-CAT (Japanese Computerized Adaptive Test) は学習者が自分で自身の日本語能力の伸長を確認できるテストとして開発されたものである (今井，2015，p.67)。J-CAT の特徴として，(1) プレースメントテストとして長年の運用実績を持つテストであること，(2) インターネットベースのテストであること，(3) 項目応答理論という精緻なテストモデルに基づくアダプティブテスト (受験者の能力によって問題項目を選択的に提示する) であることがあげられる。

　J-CAT は 2005 年 4 月に山口大学の留学生センターにおいて試行試験がなされ，2008 年に公開された。その後，国内外の様々な教育機関での共同利

用により，信頼性のあるテストとして評価されるようになった。また，インターネット上でテストを配信しているため，世界中のどこからでも利用できるようになっている。

　J-CAT は，聴解，語彙，文法，読解の 4 セクションで構成され，各セクションの得点は 0 〜 100 の間に入る。4 セクションの合計得点 (0 〜 400) により，以下のようにレベルが判定される。

表 7　J-CAT のレベル判定の目安 (今井, 2015, p.79)

J-CAT 得点	レベル
100 点以下	初級
101–150	中級前半
151–200	中級
201–250	中級後半
251–300	上級前半
301–350	上級
351–	日本語母語話者相当

3.6.2　SPOT

　SPOT は，Simple Performance-Oriented Test の頭文字をとったテストで，その名のとおり，運用力を測ることに注力したテストである。前述の J-CAT は開発段階から「日本語能力試験」のリソースを使っており，テスト全体として言語知識の測定に注力しているのに対して，SPOT は日本語の即時的運用力を測っていると言える。

　小林典子 (2015, p.110) でも述べられていることであるが，SPOT は「音声聴取能力が聴覚能力だけによるのではなく，言語知識の有無によって左右されるものであるという仮説を立て，それを証明する目的で，SPOT の原型である平仮名 1 文字分の音声を書き取るテスト，『聞きテスト』を作成した (小林・フォード, 1992, 小林典子, 2015 より重引)」という背景を持つ。

　SPOT の特徴として，(1) 25 年以上の運用実績があること，(2) 短時間で能力測定ができること，(3) コンピュータによる自動採点の仕組みを持っていることが挙げられる。SPOT も，J-CAT と同様にインターネット経由でテ

ストが受けられ，テスト終了と同時に得点が計算される。また，SPOT の最大の特徴は，90 問で構成され，1 問あたりの回答時間は 4 秒と設定されているため，10 分未満の時間で能力測定ができる。また，J-CAT と同様に，SPOT も長年の運用実績を持つテストである。紙ベースのテストとしては，1995 年頃から開発がスタートしたが，2000 年代にウェブ版が開発され，国内外の様々な教育機関で共同利用されてきた。

　SPOT はいくつかのバージョンが存在するが，I-JAS で使用されたバージョンは，SPOT90 というものであり，初級から上級まで 90 問で構成されている。

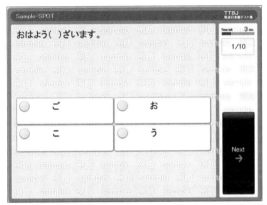

図 9　SPOT のテスト画面（ttbj-tsukuba.org, 2019.10 閲覧）

　図 9 は，SPOT のサンプル問題である。図 9 の問題で言えば，テストが開始されると同時に，「おはようございます」という音声が流れ，コンピュータ画面に図 9 が表示され，回答が求められる。受験者は図 9 の画面で 4 秒以内に回答しなければならない。

　テストの得点は，90 点満点で採点され，合計点によって以下のように能力が判定される。

表 8　SPOT のレベル判定の目安（ttbj-tsukuba.org, 2019.10 閲覧）

合計点	能力判定	説明	日本語能力試験との対応
0 〜 30	入門	日本語を学習したことがほとんどない。	なし
31 〜 55	初級	ゆっくりであれば日常生活の基本的な日本語を理解できる。	N4, N5
56 〜 80	中級	自然な話速度で日常的な場面の日本語がある程度理解できる。	N3, N2
81 〜 90	上級	自然な話速度で幅広い場面の日本語が理解できる。	N1

　なお，日本語能力試験との対応に関しては，ttbj-tsukuba.org において開発者からも注意喚起されているが，得点と能力判定は目安であり，絶対的な基準ではない。そして，日本語能力試験との対応に関しても，合格を約束するものではなく，あくまで目安として理解すべきである。

　以下では，J-CAT の初級〜上級という名称と区別するため，表 8 の入門と初級を「成績低群」，中級を「成績中群」，上級を「成績高群」と記述する。

3.6.3　事後調査の実施方法

　対面調査終了後，休憩時間を置き，その後，対面調査とは別の部屋（最大4 名の参加者が同時にコンピュータでの習熟度調査を受けられる大きさの部屋）に移動し，日本から持参したコンピュータ上で，J-CAT と SPOT という 2 種類の日本語習熟度テストを行った。

　調査の進行のため，現地協力者 1 名以上が監督のため常駐し，テスト実施の指示を行った。コンピュータのセッティング位置は，各調査地で異なるが，4 名の学習者が互いの存在を気にせず受験できるよう，一定の間隔を空けるようにした。

　習熟度調査は，基本的には 2 名ずつ行うが，スケジュールのずれや学習者の調査の進み具合により，4 名が同時に調査を行っている時間帯もあった。調査の時間はおよそ 90 分間であるが，コンピュータアダプティブテスト（被験者の能力に応じて被験者ごとに異なる問題が出題される）である J-CAT の所要時間が参加者によって異なるため，全体の所要時間にも若干の増減が生じた。

　なお，習熟度調査は対面調査に引き続いて行うのが原則であるが，調査地

や学習者の事情により，対面調査の事前に，あるいは対面調査とは別の日に実施した場合もある。しかし，対面調査期間中に習熟度調査を行う場合は必ず対面調査の後に習熟度調査を行うようにした。

　習熟度調査が終了したら，謝礼を渡し，謝礼の受領書にサインをしてもらい，調査を終えた。

3.7　まとめ

　本章では，I-JAS 調査の概要を示した。1 節で全体の概観を行った後，2 節では，I-JAS プロジェクトが「第二言語としての日本語の習得研究を行うにあたり，様々な要因の違いが日本語の習得にどのように影響するか」を科学的に分析することを主たる目的とし，それに適合するデータを集めたことを述べた。

　3 節では，事前調査・本調査・事後調査の 3 つで構成される I-JAS 調査の全体像を示した。

　4 節では，事前調査として実施された非対面調査の概要について述べた。非対面調査では，背景調査と任意作文調査が実施された。

　5 節では，対面調査の準備，対面調査の流れ，各タスクの概要を紹介した。

　6 節では，事後調査として行われた習熟度調査の内容とその実施方法について説明した。

　以上で示した一連の I-JAS 調査によって多くのデータが収集された。その中核をなすのは，対面調査で得られた大量の音声データである。これを研究で利用できるようにするためには，音声を書き起こし，語に切り分けるテキスト化処理が必要となる。次章ではこの作業手順について報告する。

第 4 章

音声データのテキスト化

4.1　はじめに

　2 章および 3 章で示したように，I-JAS プロジェクトでは，初めに対象とする調査参加者を決定し，次いで，対面調査を中核とする I-JAS 調査の全体的な枠組みを決めて調査を実施してきた。

　世界各国で行った調査によって膨大な量の音声データが得られたわけであるが，収集した音声データをテキストデータとして整備するためには，書き起こし (transcription) と形態素解析 (morphological analysis) という 2 つのデータ加工のプロセスが必要となる。4 章ではこれらの詳細について述べる。

　書き起こしとは，音声を聞き，それを文字として書き出していく作業のことで，「文字化」や「文字起こし」と呼ばれることもある。また，形態素解析とは，書き起こしたテキストを形態素 (テキストを構成する最小単位。いわゆる「語」に準じる) に分割し，個々の語について，読みや品詞，また，活用のタイプや終止形などの情報を加える作業のことである (小木曽，2014)。

　そもそも，書き起こしや形態素解析はなぜ必要なのであろうか。ここで，以下の例を見てみることにしよう。(1) は録音された音声を，(2) は書き起こしされたテキストを，(3) は形態素解析されたテキストを示す (縦線は形態素の切れ目を示す)。なお，この例は，中国語母語話者 (CCS40) の対話タスクにおける実際の発話から取ったものである。

(1)　　ハハハアレワケッコーマエノニジュウネングライマエノエイガーデスケド…

(2)　　|笑| あれは結構前の二十年ぐらい前の映画ーですけど…

(3)　｜｜笑｜｜,｜あれ｜は｜結構｜前｜の｜,｜二十｜年｜ぐらい｜前｜の｜映画
　　　｜ー｜です｜けど＃

　(1) は単なる音の繋がりであって，このままでは果たして参加者が何を言っていたのか理解することができない。(2) になると発話の内容はわかるが，語の切れ目が設定されていないため，語の単位で検索を行ったり，語の頻度を数えたりすることはできない。しかし，形態素単位で分かち書きされた (3) であれば，語の単位の分析が自在に行える。また，形態素ごとに付与される品詞情報を使えば，接続詞や副詞などを一括して抽出したり，終止形を指定することで活用形を一括して抽出したりすることもできる。
　この例で示したように，書き起こしと形態素解析はコーパスの音声データの利用価値を高める上で絶対的に重要な作業となる。

4.2　テキスト化作業の流れ

　すでに述べたように，テキスト化には，書き起こしと形態素解析という2つの段階が存在する。通例，前者は人手で，後者は形態素解析器というソフトウェアを使って作業を行うわけだが，いずれの場合もエラーやミスが発生する可能性がある。つまり，精度の高いテキスト化を行うためには，人手作業・機械作業ともに，得られた結果を目視で確認するプロセスを体系的に組み込んでおく必要がある。
　そこで，I-JAS では，書き起こし作業とチェック作業を組み合わせた専用の作業手順を決め，これに沿って音声データのテキスト化を実施した（表1，次頁）。
　こうした手順をふむことで，I-JAS の音声データは高い精度でテキスト化されている。以下では，書き起こしと形態素解析という2種の作業の具体的な内容について述べる。

表1　テキスト化作業手順表

手順	作業内容
ステップ1	書き起こし作業者Aが1回目の書き起こしを行う。このとき，形態素解析で誤解析になりやすい箇所のデータ加工，および個人情報が出ている箇所のマーキングを行う。
チェック1	プロジェクト研究員またはこれに準ずる者が，個人情報保護のためのマーキング箇所を中心にステップ1の書き起こしデータをチェックし，必要に応じて作業者Bに指示を残す。
ステップ2	チェック1の指示をふまえて作業者Bがステップ1の書き起こしデータをダブルチェックし，ミスの修正や指示の反映を行う。このとき，2分ごとの時間情報の記入や個人情報の伏せ字化を合わせて行う。 ステップ2で作業したデータを形態素解析器にかける。
チェック2	プロジェクト研究員が形態素解析器による誤解析や品詞情報の修正，補足情報のチェック，表記揺れに対する処置を行う。

4.3　書き起こし

4.3.1　書き起こしの基本方針

　発話データの音声を書き起こす際には，その目的に応じて様々なルールがある。たとえば，日本語の話し言葉研究のためのコーパス（小磯，2006）や，対人コミュニケーションや語用論研究のためのコーパス（宇佐美，2007）では，それぞれの目的に合う書き起こしルールを開発して使用している。日本語の習得研究のためのコーパスであるI-JASにも独自の書き起こしルールが必要で，目的の異なる他のコーパスのルールをそのまま使用することはできない。

　そこで，I-JASの目的に沿った書き起こしの基本方針として以下の3つを定めた。

[1]　日本語学習者の文法習得，談話習得などの研究を目的とした書き起こしであること

[2]　できるだけ発音に忠実に書き起こすが，発話の重なりやポーズの長さ，声の大きさなどの情報は付与しないこと

[3]　原則として，誤用かどうかの標示は行わないこと

4.3.2 表記法

書き起こす際の表記は一般的な漢字仮名交じり文とした。ただし，特別なルールとして以下の4つを定めた。

[1]　数字は漢数字で記す（ID部分を除く）
[2]　擬音語・擬態語はカタカナで記す
[3]　外国語は，英語の文になっている場合は英語表記，それ以外はカタカナ表記を基本とする（例：「シャウトします」「コラート県」）
[4]　アルファベット通りの発音をしている場合はアルファベットで記す（例：「ディーエス」と言っている場合は「DS」と記すが，「メートル」と言っている場合は「m」とは書かずカタカナで書く）

これらは，書き起こしテキストの視認性を高めるとともに，形態素解析の際に表記のぶれによる誤解析を減らすことを目的としたものである。

4.3.3 発話の区切り表示

作文であれば文の終わりは句点「。」によって明確に決まる。しかし，発話は連続しており，書き起こしの際に文の終わりを決めることは難しい。そこで，I-JASでは文の終わりを示す「。」を使用せず，対話形式のタスク（対話とロールプレイ）では話者が交替する箇所に改行を入れることで発話の区切りとした。独話形式のタスク（ストーリーテリングと絵描写）では，書き起こし作業者が文末表現などを手掛かりとして一文の終わりと考える箇所に改行を入れることで発話の区切りとしたほか，調査者との対話が含まれていれば，その部分に改行を入れることで発話の区切りとした。また，発話の区切りではないがポーズがある箇所には「、」を打ち，上昇イントネーションがある箇所には「？」を付けた。

4.3.4 その他，特殊な記法

書き起こしの際には，上記のほかにも様々な情報を加える必要がある。以下はI-JASで使用した特殊記号の一覧である。

表 2　I-JAS の書き起こしで使用された特殊記号

#	記号（全角）	意味
1	、	ポーズ
2	?	上昇イントネーション
3	「　」	直接引用
4	『　』	書籍，映画，ドラマなどの作品名
5	【　】	個人情報のマスキング
6	〈　〉	あいづち
7	｜　｜	非言語行動
8	*	聞き取り不能

　5 の個人情報については【人名 1】【学校名 1】のように実名を伏せて【　】で囲むことにした。ただし，仮の名であることが明らかな場合は伏せていない。

　6 は，「うんうん」「はいはい」など，相手の発話中に挿入されるあいづちの処理に関するものである。この場合，あいづちが入ったところで元の発話を区切ることはせず，〈うんうん〉〈はいはい〉のように相手の発話文の中に〈　〉で囲んで挿入することにした。ただし，あいづちでも「あー、そうですか」など，感動詞（フィラーを含む）だけではないものは改行し，あいづちとしなかった。また，発話が重なっている箇所も同様に処理した。

　7 は，笑いや態度などの情報の記載に関するものである。I-JAS では調査時の映像を収集していないため，非言語行動を後から特定することは難しいが，音声から何らかの非言語行動を特定できる場合は｜笑｜や｜何か書いている様子｜のように｜　｜で囲んで記すことにした。

　また，音声が聞き取りづらく何を言っているかわからない場合は，8 に示すように，おおよその拍数を「*」の数で示すことにした。

　なお，個人情報，あいづち，非言語行動については，後述する形態素解析結果の品詞情報として，それぞれ「個人情報」「あいづち」「非言語行動」という特殊なラベルが付与されるようにしている。

4.3.5　作業者の研修

　I-JAS の書き起こしは日本語学習者の発話や発話の意図を理解しながら行う必要があるため，日本語教育経験者や日本語教育を学んだことのある大学

生・大学院生に書き起こし作業を委託した。5 年間で延べ 30 名以上の書き起こし作業者が，(1) 研修の受講，(2) 練習期間，(3) 実際の書き起こし作業，という過程で作業に従事し，途中，必要に応じて全体あるいは個別に，書き起こしたデータに対するフィードバックを実施した。また，定期的にブラッシュアップセミナーを開催し，間違いやすい書き起こしルールの確認や最新の情報を共有することで，作業者間で書き起こしの精度に差が生じないよう努めた。

4.4　形態素解析
4.4.1　自動形態素解析の制約
　近年の形態素解析技術の進歩は著しく，一般の書き言葉の日本語であれば，形態素解析器による自動処理によって，一定の精度でもって，文字列を形態素に分割し，形態素ごとに品詞や読みの情報を取得することができる。しかし，話し言葉の，しかも学習者による話し言葉の日本語を扱う場合，自動解析だけで正しい処理結果を得ることはきわめて困難である。以下の例で考えてみよう。

(4)　　あたっしーの、えと、く、くきょう

　これは I-JAS に含まれる日本語学習者の発話をそのまま書き起こしたデータの一部である。このように，学習者の発話には，発音の誤り・フィラー・語の断片などが日本語母語話者よりも頻繁に現れる。その他にも，活用の誤り・予測不能な誤用・意味不明な語・多様な外国語などが現れる。
　こういったテキストをそのまま形態素解析器にかけても正しい解析結果を得ることはできない。下表（表 3, 次頁）は (4) をそのまま形態素解析器にかけた結果と，本来の語彙素区分を示している。「表層形」の列は形態素解析器がテキストを語に分割した結果，「語彙素」「品詞」の列は形態素解析器が出力した各語の語彙素および品詞である。「学習者の意図」は本来の語彙素区分としてプロジェクト研究員が判断して加えたものである。

表3　未加工の書き起こしデータに対する自動解析結果

表層形	語彙素	品詞	学習者の意図
あたっ	当たる	動詞	私（あたし）
しー	し	助詞	
の	の	助詞	の
、	、	補助記号	、
えと	干支	名詞	「えっと」という フィラー
、	、	補助記号	、
く	来る	動詞	「故郷」の断片
、	、	補助記号	、
く	来る	動詞	故郷
きょう	今日	名詞	

「あたっしー」や「くきょう」の部分は発音の誤りがあり，そのために正しい解析結果を得られていないことがわかる。また，「えと」というフィラーや「く」という語の断片も，本来の学習者の意図とは異なる形で解析されている。

　I-JAS プロジェクトでは，自動解析の結果のうち，誤解析が発生しやすい箇所に限って人手で確認・修正することとしたが，自動解析段階での誤りがあまりに多いとこの作業の負担が大きくなる。そこで，解析誤りを減らし，解析精度を向上させるための対策として，書き起こしテキストに人手で追加の情報をあらかじめタグとして付与することとした。また，解析精度の向上には影響しないものの，データの利用者の利便性を向上させるためにタグを追加した場合もある。次節ではこれらのタグセットについて解説する。

　なお，I-JAS では，自動処理によって，文字列を「短単位」と呼ばれる単位（9.3節参照）に切り分けた上で，短単位ごとに形態論情報（品詞・基本形・読みなど）を取得している。言語学的な形態素の概念と短単位が厳密には一致しない場合もありうるが，本書では，こうした自動処理を便宜的に形態素解析と呼ぶ。

4.4.2　I-JAS タグセットの開発

　形態素解析の自動処理の精度を向上させたり，データの利用者に有益な情報を提供したりすることが可能になるよう，テキストに対して付属的な情報を付与するタグセットを開発した。タグはそのタイプによって 5 種に区分され，全体で 10 のタグを設定した。

表 4　タグセット

記号	タグ表記	タグを付与する対象
除外指定タグ（語の断片など，解析から除外すべき箇所を指定）		
X	$[\alpha=X]$	語の断片，意味不明な語
品詞指定タグ（品詞解析ミスが起こりうる箇所に正しい品詞を指定）		
F	$[\alpha=F]$	感動詞（フィラー）
R	$[\alpha=R]$	連体詞
N	$[\alpha=N]$	特殊名詞（固有名詞等）
表記指定タグ（解析ミスが起こりうる非標準表記を標準表記に置換）		
T	$[\alpha=T=\beta]$	ポーズ，長音の訂正
G	$[\alpha=G=\beta]$	発音や活用の誤り
K	$[\alpha=K=\beta]$	PC 入力時の変換ミス
発音指定タグ（文字だけでは発音が不明な箇所に本来の発音を記載）		
H	$[\alpha1/\alpha2=H]$	発音が不明瞭な箇所
Y	$[\alpha（読み）=Y]$	複数の読みを持つ漢字
補足情報タグ（その他データ利用者に有益となりうる情報を記載）		
?	$[?\,補足情報]$	補足説明が必要な箇所

　除外指定・品詞指定・表記指定タグは自動解析の精度向上を目的としたもので，発音指定と補足情報タグはコーパス使用者によるデータ使用の利便性向上を目的としたものである。

　タグを付与する際には，タグが適用される箇所を［　］で囲み，その内側に「α = タグ」または「α = タグ=β」という形式でタグを指定する。αは発話通りに書き起こした文字列，βは解析用に修正した文字列である。以下，実例を示しながら，各々のタグの機能を紹介する。

4.4.2.1　除外指定タグ (X)

　書き起こしテキスト中の一部分を解析から除外することで形態素解析の精度が向上する場合がある。このため，X（除外指定）タグを設定した。次の例を見てみよう。なお，(1) は加工前の書き起こし文例，(2) はタグ挿入後の文例を示す（以下同じ）。

(1)　　ケンはしご仕事の後
(2)　　ケンは［しご =X］仕事の後

　(1) の「しご」は「仕事」を言い掛けた語の断片であると考えられるが，そのまま形態素解析器にかけると直前の「は」と繋がって「梯子」と解析されてしまう。このように，語の断片は解析誤りを引き起こし，その前後の語まで影響が出るため，選択した範囲を解析から除外する X タグを設定した。
　(2) のようにしておくと，「ケン | は | 仕事 | の | 後」と正しく自動解析される。「しご」には，独自の品詞情報として「解析困難箇所」というラベルを付与するようにした。

4.4.2.2　品詞指定タグ (F・R・N)

　書き起こしテキストに含まれる語について，その品詞を強制的に指定することで形態素解析の精度が向上する場合がある。このため，F（フィラー等指定），R（連体詞指定），N（名詞指定）の 3 つのタグを設定した。以下の例を見てみよう。

(1)　　えーんそのビスコーテンは
(2)　　［えーん =F］［その =R］［ビスコーテン =N］は

　F タグは，選択した範囲がフィラー（感動詞）として解析されるように指定するタグである。学習者が使用するフィラーは「えーむ」「んーふ」など実に多様で，解析誤りを誘発することが多いため，あらかじめ F タグを付与することで選択した範囲がフィラーとして解析されるようにした。
　R タグは，選択した範囲が連体詞として解析されるように指定するタグで

ある。「この」「その」「あの」は文脈に応じて連体詞となる場合とフィラー
となる場合があるが，形態素解析器がその違いを認識して正しい品詞を出力
することは難しい。そのため，発話を聞いて連体詞であると判断できた場合
には R タグを付与し，選択した範囲が連体詞として解析されるようにした。

　N タグは，選択した範囲が名詞として解析されるように指定するタグで
ある。N タグにより，形態素解析辞書に入っていない特殊名詞（地名・料理
名・外国語・人名・企業名等）を名詞として処理させる。たとえば，「ビスコー
テン」という語は発話の文脈からオーストリアの食材の名前であると判断で
きたが，形態素解析器が使用する辞書に登録されていなければ解析誤りとな
る可能性が高い。そこで N タグを付与し，選択した範囲が名詞として解析
されるようにした。ただし，N タグを付けた場合でも，選択した範囲が辞
書に登録されていれば，辞書に登録されている品詞情報に従って解析され
る。また，N タグを付けた箇所は分割せずにかたまりとして処理される。

4.4.2.3　表記指定タグ (T・G・K)

　書き起こしテキストに含まれる語について，発話通りの表記に正しい表記
を追加することで形態素解析の精度が向上する場合がある。このため，T（読
点等修正），G（誤発音・誤活用修正），K（仮名漢字変換ミス修正）の 3 つのタグを
設定した。まず，T タグと G タグについて以下の例を見てみよう。

(1)　　うちには，いるちゅもりです
(2)　　うちに［は，いる =T= 入る］［ちゅもり =G= つもり］です

　(1) の「は，いる」は，日本語学習者が「入る」という語をスムーズに発
話できなかったため，書き起こし作業者が「は」と「いる」の間にポーズを
入れたものである。日本語学習者の発話ではこのようなケースは珍しいもの
ではないが，これをそのまま形態素解析器にかけると正しい解析結果が得ら
れない。そこで，不要なポーズ（書き起こしでは読点として記録される）を取り
除いたり，適切な位置に挿入したりするための T タグを設定した。(2) の場
合，T タグの手前の「は，いる」は，T タグの後ろの「入る」に置き換えら
れた上で正しく解析される。

　また，(1) の「ちゅもり」は発音の誤りである。こういった発音・活用の誤用に対して正しい表記を指定するために G タグを設定した。(2) のように G タグを付与すると，「ちゅもり」の部分が「つもり」に置き換えられて解析が実行される。

　次に，K タグに関して，以下の例を提示したい。下記はストーリーライティング調査時にパソコンで作文を入力したものであるが，その際，仮名漢字変換ミスが発生している。

(1)　　持ッて
(2)　　［持ッて =K= 持って］

　こうした変換ミスを処理するために K タグを設定した。「持ッて」のように活用語尾がカタカナの「ッ」になっていると「持つ」の連用形としては解析されないため，「持ッて =K= 持って」として K タグを付与する。これにより，「持ッて」の部分は「持って」と置き換えられて解析される。なお，K タグは入力にパソコンを使用したストーリーライティングタスクにのみ使用し，書き起こし作業者が音声を書き起こしている発話データには使用しない。

4.4.2.4　発音指定タグ (H・Y)

　解析精度の向上には直接寄与しないものの，利用者がテキスト化されたデータから元の発音を正しく理解できるよう注釈情報を付与しておきたい場合がある。こうした目的に沿い，実際の参加者の発話の発音を指定する H（発音指定）タグと Y（読み指定）タグを設定した。

　まず，H タグに関して，以下の例を見てみよう。

(1)　　本の読んだり（「の」の部分が「を」にも聞こえる）
(2)　　本［の / を =H］読んだり

　日本語学習者の発話では音がはっきりと聞き取れず，どう言っているのか決めがたいことがある。たとえば，実際の発話で「本の読んだり」とも「本を読んだり」とも聞こえることがある。このような場合は，(2) のように H

タグを使用して他の発音候補を併記することにした。形態素解析は第1候補である「本の読んだり」に対して行われるため，Hタグの付与は解析精度には影響しないが，タグがあることで，データの利用者は，実際の発話が「本を読んだり」となっていた可能性もあることを確認できる。

　また，Yタグに関して，以下の例を見てみよう。

(1)　　家のドア開いてます
(2)　　家のドア［開いて（あいて）=Y］ます

　(1) の場合，元の音声を確認しない限り，「ひらいて」と発話されていたのか，「あいて」と発話されていたのかがわからない。そこで，(2) のようにYタグを使用して実際の読みを記述することにした。形態素解析は「開いてます」に対して行われるため，これも解析精度には影響しないが，Yタグを付与することで利用者は本来の発話での読みを確認することができる。

4.4.2.5　補足情報タグ（?）

　前述の発音指定タグ（H・Y）の適用例以外でも，誤解析の原因になったり，データの利用者にとって必要であったりする情報をテキスト中に示しておきたい場合がある。そこで，書き起こしの作業者がそうした情報を記録できるよう，前述の9種のタグに加え，?タグ（補足情報付与）を設定した。?タグは，除外指定タグや名詞指定タグ等，または，説明を加えたい文字列の直後に付ける。

　?タグを用いて加えられた補足情報には以下のような内容が含まれる。

[1]　　1つのタグを付与するだけでは正しく解析されない可能性がある
[2]　　品詞情報を特定する（例：文脈をふまえた「が」の品詞判定）
[3]　　「言う」を「ゆう」と発音している（例：「そうゆう」「ああゆう」）
[4]　　よく聞き取れないが，発音の候補がある
[5]　　地名や料理，ドラマの名前など固有名詞の種類
[6]　　「の」「だ」「な」の過剰使用（例：「大きいなビーチ」）
[7]　　メタ言語的な語の説明（例：「太陽の『陽』」）

［8］　方言（例：「あかん」）
［9］　擬音語，擬態語など，日本語学習者のオリジナルの語

　形態素解析では？タグの部分は除外されるため，解析精度には影響しない
が，こうした情報を提供することで，データ確認の際の手掛かりとなった
り，利用者によるデータ利用の利便性が増したりすると考えられる。

4.4.3　形態素解析の実施

　これまで述べてきた通り，I-JAS のタグは独自設計のものであるため，既
存の形態素解析器では認識されない。そこで，形態素解析器が独自タグを認
識し，それを反映した結果を出力するよう，「文字化支援システム」を開発
して使用した。

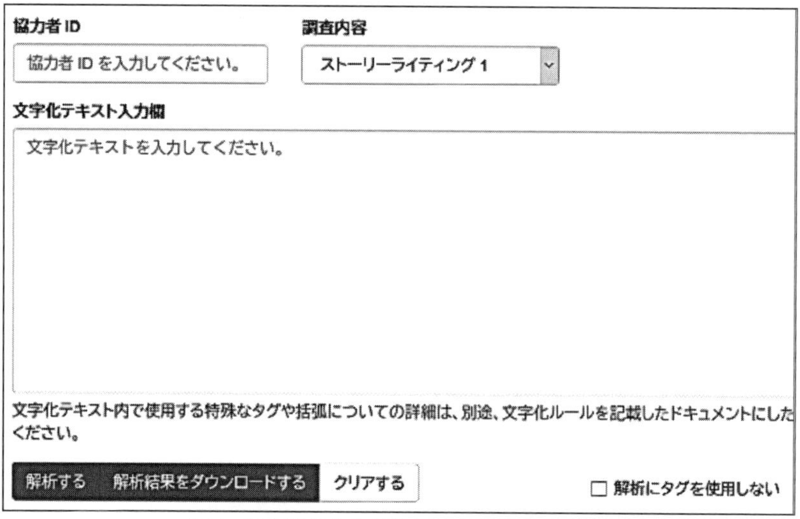

図1　書き起こし支援システム（画面の一部）

　書き起こし作業者は，word ファイルやテキストファイルなどに書き起こ
した発話テキストを入力する（コピーして貼り付ける）際，図1の画面の右側
に常時表示されているタグの一覧を確認しながら作業をすることができる。

　なお，「文字化入力支援システム」の内部では形態素解析器として MeCab（taku910.github.io/mecab/，2019.12 閲覧）を 使 用 し，形 態 素 解 析 辞 書 に はUniDic（unidic.ninjal.ac.jp/，2019.12 閲覧）を使用している。

4.5　まとめ

　本章では，I-JAS のデータの中核をなす発話データのテキスト化にかかる作業の詳細を紹介した。1 節で全体の概観を行った後，2 節では「書き起こし」と「形態素解析」を含む一連の作業の流れを示した。

　3 節では書き起こしに関して，データの書き起こしルールの詳細や作業者の研修内容を示した。

　4 節では形態素解析に関して，学習者発話のデータをそのまま書き起こしただけでは自動解析の精度が著しく低下することを示した上で，解析精度を向上させたり補足情報を付与したりするために独自に開発した 10 種のタグについて解説を行った。

　これらの処理により，膨大な音声データがはじめてテキストとして利用できることとなった。次の作業は，書き起こされたデータと作文データを整理し，体系的な形で公開することである。次章ではこの点について解説する。

第 5 章

データの公開

5.1 はじめに

　2〜4章で述べたように，I-JASプロジェクトでは，(1) 参加者の決定，(2) 調査の設計と実施，(3) 音声データのテキスト化という作業をそれぞれ綿密な計画のもとに実施してきた。コーパス構築のための作業の最後に来るのは (4) データの公開である。5章ではこの点について述べたい。

　コーパスの公開にあたって，かつては，コーパス全体をダウンロードさせる方式が一般的であった。利用者は，ダウンロードしたデータを各自のコンピュータ上で処理して必要な検索や分析を行った。こうした公開方法は，コーパスの処理技術に精通した利用者には有益なものであるが，幅広い利用者の便宜に叶うものとは言いがたい。

　このため，近年では，ダウンロード版よりもオンライン版でのコーパス公開が一般的になりつつある。オンライン版では，通例，検索システムが同時に提供されるため，データ処理の技術を持たない幅広い利用者がコーパスを活用し，自身の教育や研究に役立てることができる。こうした動きをふまえ，I-JASでも，発話書き起こしや作文といった産出テキストについては，オンライン版とダウンロード版の2つの形でデータを提供することとした。

5.2 2種類のデータ

　I-JASのデータは，参加者による発話の書き起こしや作文といった産出テキストデータと，付属データ（音声＋フェイスシート＋関連情報）に大別することができる。このうち，前者についてはオンライン版とダウンロード版という2種類の使用形態がある。

5.2.1　テキストデータ
5.2.1.1　オンライン版

　既存のコーパスの中には独自の検索システムを開発・提供しているものもあるが，I-JAS プロジェクトでは，国立国語研究所コーパス検索アプリケーション「中納言」(chunagon.ninjal.ac.jp) を利用してデータの公開を行うこととした。

　「中納言」で I-JAS を公開することには，以下のような利点がある。

[1]　　Web アプリケーションであるため，インターネットが利用できる環境と標準的なブラウザがあれば，特別なソフトをインストールすることなく利用することができる (中村・小木曽, 2011)。

[2]　　「文字列検索」(テキストに出現した文字列に対する検索) だけでなく，「短単位検索」(形態素単位での検索) ができる。

[3]　　共起条件を指定して検索することができる。(短単位検索時のみ)

[4]　　検索結果をダウンロードすることができる。

[5]　　I-JAS の検索結果を「中納言」上にある他のコーパスの検索結果と比較できる。

　「中納言」は登録すれば，誰でも無料で使用することができる。「中納言」上でのデータ検索の方法については 9 章および 10 章で詳しく説明する。

5.2.1.2　ダウンロード版

　ダウンロード版では，I-JAS のテキストデータを総体としてダウンロードし，各自のコンピュータ上で自由に分析することができる。ただし，データは「中納言」サーバー上にあるため，ダウンロードを行うには「中納言」の利用資格を有している必要がある。

　データのダウンロードを行うには「中納言」上の I-JAS 検索画面の右上にある「データ配布」のリンクをクリックし (図 1)，ダッシュボード右側に表示される「コース概要：I-JAS」をクリックする。すると，データを格納したフォルダの一覧が表示されるので (図 2)，「対面調査 (プレインテキスト)」および「非対面調査 (プレインテキスト)」フォルダ内のデータをすべてダウ

ンロードすればよい。コーパス選択画面の備考欄にも「データ配布」のリンクがあり，同様にアクセスできる。

図 1　「中納言」トップ画面の「データ配布」リンク（右上）

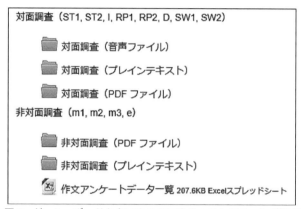

図 2　ダッシュボードからアクセスできる I-JAS のフォルダ構成

　なお，個々の参加者のタスク別産出テキストは，検索結果画面（図 3）からも必要に応じてダウンロードすることができる。また，この検索結果画面（図3）からは，音声ファイルのダウンロードやフェイスシートの閲覧もできる。

サンプル ID	連番	発話番号	話者	前文脈
SES20-I 🔊 音声ファイル 📄 プレインテキスト 👤 フェイスシート	15200	01340	K	あ―「い、｜―

図 3　検索結果画面からダウンロードデータへのリンク（画面左）

5.2.2　付属データ

　付属データについても，ダウンロード版テキストと同じ場所から入手することができる。前出のダッシュボード画面（図 2）において，「対面調査（音声ファイル）」を選べば音声データが，「作文アンケートデータ一覧」を選べば任意作文調査時に取得したアンケート結果データがそれぞれ入手できる。

　このほか，I-JAS のウェブサイトから，語数表や関連論文等をダウンロードすることが可能である。これらについては 5.3.3 で述べる。

5.3　公開データの種別

5.3.1　公開データの一覧

　3.3 節で述べたように，I-JAS は対面調査だけでなく，事前調査・事後調査を行っており，幅広いデータを収集している。以下は利用可能なデータの全体像を示したものである。

表 1　I-JAS の公開データ一覧

タイプ	調査	公開データ
事前	A 背景調査	A1 調査結果（Excel）
	B 任意作文調査	B1 作文（PDF ／テキスト） B2 作文アンケート（Excel）
本調査	C 対面調査（発話調査）	C1 音声（mp3） C2 書き起こし（テキスト） C3 語数表（Excel）
	D 対面調査（作文調査）	D1 作文（PDF ／テキスト） D2 語数表（Excel）
事後	E 習熟度調査	E1 調査結果（Excel）

　公開データは全体で 9 種（PDF とテキストを区別すれば 11 種）である。このうち，オンライン版で直接検索できるのは，C2 と D1 のテキストデータのみである。B1 については，監督者なしで作文が行われたため，インターネット等の記事をそのままコピーしている可能性を否定できない。そのため，オンライン版での検索データからは除外している（3.4 節参照）。

　一方，ダウンロード版では，上記のデータがすべて入手できる。なお，習熟度調査結果（J-CAT, SPOT の点数）と背景調査結果，また，各種の語数データは参加

者全員分がそれぞれ 1 つのファイルにまとめて公開されている (5.3.3 節参照)。

　以下，これらの公開データを，参加者の産出データと，それ以外の関連データとに分け，その内容を紹介したい。

5.3.2　産出データの公開

5.3.2.1　任意作文調査データ

　事前調査の一環として，希望者のみを対象に，メール作文 3 種類とエッセイ作文 1 種類を収集した (3.4 節参照)。これらは Word ファイルで作成され，メールに添付する形で提出された。

　公開しているのは提出された Word ファイルを変換した PDF ファイルと，文字情報だけを抽出したテキストファイルである。テキストファイルについては，改行，空行の削除，解析向け処理などは行っていない。公開データ数は学習者 638 名分，日本語母語話者 48 名分，合計 686 名分である。

5.3.2.2　対面調査 (発話タスク) データ

　発話タスクデータについては，音声ファイルとテキストファイルが公開されている。

　テキストファイルは，音声を聞こえたままに書き起こしたものをベースとして，改行追加・整形・各種のタグの付与 (4.4 節参照) を行った後のものである。以下に実際のデータの一部を示す。なお二重下線は本章筆者が追加したものである (以下同じ)。

CCM15-RP1-00520-K　だから，そのー (連体詞) 他 (ほか) の三日間よろしくお願いします
CCM15-RP1-00530-C　{笑} そうなーそなかなか難しいまあそうか月曜日と火曜日が一番忙しい，んだよな，そうだよな，そうかー，月火 (げつか)，水曜日やっぱダメかなー
〈中略〉
CCM15-RP1-00560-K　店長は〈んー〉他 (ほか) の人に たの，で (頼んで) ほしいんです

図 4　発話タスクデータの一例

　まず，冒頭のコードに着目する。1 行目には「CCM15-RP1-00520-K」と
あるが，これは，学習者の母語が中国語 (C)，調査地が中国大陸 (CM)，整
理番号が 15 番，行ったタスクがロールプレイの 1 つ目 (RP1) であることを
示す。00520 というのは発話番号を示している。発話番号は 00010 から始
まり 10 単位で表示されるため，00520 はこのデータの 52 番目の発話であ
ることを示している。なお，末尾の K は参加者発話，C は調査者発話であ
ることを示す。

　次に，二重下線を引いた 3 つの箇所を検討する。「そのー」については，
フィラーである場合が多いが，ここでは連体詞であることが付加情報として
示されている。また，「他」には複数の読み方があるが，実際には「ほか」
と発話されていたことが示されている。さらに，「たの，で」については，
実際には「頼んで」の意図で発話されていたことが示されている。

　このように，テキストファイルには，発話の書き起こしだけではなく，各
種の付加情報が含まれているため，ダウンロードデータを独自に解析する場
合はこの点への留意が不可欠である。

5.3.2.3　対面調査 (作文タスク) データ

　対面調査で集められたストーリーライティングについては，PDF とテキ
ストファイルが公開されている。

　PDF は参加者がパソコンに入力したままの内容を PDF 化したもので，テ
キストファイルは前節で述べたような整形および情報付与を行った後のもの
である。以下に実際の例を示す。

EUS27-SW1-00020-K　ピックニク (ピクニック) ためにたくさんご飯を
作りました。
EUS27-SW1-00030-K　でも，ケンさんとマリさんを見えない時，犬が
バセケッと (バスケット) を入りました。
EUS27-SW1-00040-K　その時全部の食べ物を食べました。

図 5　作文タスクデータの一例

　冒頭のコードは，学習者の母語が英語 (E)，調査地がアメリカ (US)，整理
番号が 27 番，行ったタスクがストーリーライティングの 1 つ目 (SW1) であ

ることを示す。学習者にとって日本語の片仮名を正しく表記することは難し
く，ここでも，「ピックニク」や「バセケッと」という誤った表記がなされ
ている。これらについては，その直後に正しい表記が付加情報として示され
ている。

5.3.3　関連データの公開

　I-JAS のデータを正しく活用するには，参加者の産出した言語テキストだ
けでなく，様々な関連情報を併せて検討することが重要である。関連情報
は，I-JAS のウェブサイト（lsaj.ninjal.ac.jp/?page_id=364）からダウンロードで
きるようになっている。
　本稿執筆時点で公開されている関連情報は以下の 6 種である。

表 2　関連情報一覧

#	公開されている関連情報
[1]	I-JAS を利用するための必読資料
[2]	語数表について
[3]	参加者の背景情報（フェイスシート：FS）一覧
[4]	I-JAS の任意作文調査で使用したプロンプトの内容
[5]	データ修正箇所一覧（文字化データ）
[6]	公開時における詳細情報

　[1] では I-JAS プロジェクトの概要を報告した書籍や研究論文の情報が見
られる。これらは I-JAS の構築理念や構築手法を示したものであり，I-JAS
の利用者に必ず目を通してほしい文献である。
　[2] は話者別・タスク別の産出の総語数を一覧にしたもので，コーパス
データを統計的に分析する上で不可欠な資料となる。なお，「語数表」とい
う名称ではあるが，話者の母語・年齢・性別・身分，また，習熟度情報
（J-CAT, SPOT の点数）もあわせて記載されている。
　[3] は，教室環境学習者（海外・国内），自然環境学習者，日本語母語話者
の 3 つのカテゴリー別に背景情報がまとめられている。それぞれの調査項
目は 3.4.1 で紹介したとおりである。（なお，情報の一部は [2] と重複している）。

　［4］では，事前に行った非対面の任意作文調査で使用したプロンプト（指示文）の一覧が公開されている。任意作文調査では，同様の内容を全員に書かせたが，参加者の背景に合わせてプロンプトを一部変更しており，さらに，参加者の母語に応じて各国語版が作成された（3.4 節）。

　［5］では，公開データの修正履歴が公開されている。コーパス公開においてはミスのないよう多重的な検証を行うが，それでも，公開後にミスが発見され，事後的に修正を行うことがある。それらの修正をすべて記録して公開することで，データの再現性への配慮を行っている。

　［6］では，音声ファイルの加工・修正履歴や，これまでのデータを段階的に公開する際に示した解説書などが読める。

5.4　コードセット

　I-JAS で公開される個々の産出サンプルには，ルールに従い，統一したコードが付けられている。たとえば，前述の「CCM15-RP1」等である。コードの記載方法は「英文字 3 つ＋数字＋ハイフン＋タスクコード」となっているが，海外学習者の場合と，国内参加者（学習者・日本語母語話者）の場合とで，表 3 に示すように記載ルールが異なる。

表3　コードの記載ルール

	1 文字目	2 文字目	3 文字目	数字	末尾
海外	母語	地名		参加者連番	タスク名
国内	地名 (JJ)		参加者タイプ		

　コードを読むにあたっては，いくつか注意事項がある。1 点目は，タイ語とトルコ語の母語コードがともに T で同じになっていることである。2 点目は，海外の調査地は ISO（国際標準化機構）の 2 文字国名コードに依拠するが，同一国内の 2 ヵ所以上で調査を行った中国（大陸・台湾）と韓国，および，ハンガリーとロシアについては，地名の 2 文字目（全体で 3 文字目）が変更されていることである。

　表 4 は，使用されたコードの一覧である。

表 4　母語・地名・国内参加者タイプ・タスクコードの一覧

タイプ	コード
母語・地名 (海外)	【母語】　C（中国語），E（英語），F（フランス語），G（ドイツ語），H（ハンガリー語），I（インドネシア語），K（韓国語），R（ロシア語），S（スペイン語），T（タイ語），T（トルコ語），V（ベトナム語）
	【地名 (ISO)】　AU（オーストラリア）／NZ（ニュージーランド）／US（アメリカ）／GB（イギリス）／FR（フランス）／AT（オーストリア）／DE（ドイツ）／ID（インドネシア）／ES（スペイン）／TH（タイ）／TR（トルコ）／VN（ベトナム）
	【地名 (特殊)】　CM（中国大陸 1）／CH（中国大陸 2）／CS（台湾 1）／CT（台湾 2）／KR（韓国 1）／KD（韓国 2）／HG（ハンガリー）／RS（ロシア）
地名・参加者 タイプ（国内）	【地名】　JJ（日本）
	【参加者タイプ】　C（国内教室 1）／E（国内教室 2）／N（国内自然）／J（日本語母語話者）
タスク	【非対面任意作文調査】m（メール作文）／e（エッセイ作文）
	【対面調査】　ST（ストーリーテリング）／I（対話：Interaction）／RP（ロールプレイ）／D（絵描写：Discription）／SW（ストーリーライティング）

　なお，1 つのタスクタイプについて複数のタスクが存在する場合は，ST1，ST2 のように数字を付けて識別している。

5.5　まとめ

　本章では，データ公開の方法と公開されたデータの内容について紹介した。1 節で全体の概観を行った後，2 節では I-JAS にダウンロード版とオンライン版という 2 種の利用方法があることを示した。

　3 節では公開されたデータの全体像を示し，あわせて，対面調査の発話・作文について，ダウンロード版データの読み方について解説を行った。

　4 節では，I-JAS の個々のデータに付与されたコードについて読み方を解説した。

　以上で公開されたデータの全体像をつかめたものと思うが，それらの量的特性について見ておくことも重要であろう。第 2 部の 6 ～ 8 章では I-JAS のデータを量的な観点から俯瞰していく。

第2部　I-JAS の量的外観

第1部では，(1) 参加者の決定，(2) 調査の設計と実施，(3) 音声データの
テキスト化，(4) データの公開，という4つのステップで I-JAS の構築が進
められたことを示した。この過程で，1,050 名の発話者から，800 万語を超
える大量のデータが収集された。

第2部では，こうして集められたデータを計量的観点から概観する。

まず，第6章では，I-JAS の参加者の人数や基本的な属性情報を整理して
示す。

第7章では，参加者のうち，学習者の日本語習熟度の概況について詳し
く述べる。参加者は，すべて2種類の日本語習熟度テストを受験しており，
テストのスコア情報を活用することで，学習者を習熟度別に分けて分析する
ことが可能になる。

第8章では，参加者の産出語数に注目し，タスク別・母語別の語数につ
いて紹介する。

第 6 章

参加者の属性

6.1　はじめに

　第 1 部では，I-JAS の構築過程と集められたデータの概要について説明した。すでに述べたように，I-JAS の最大の特徴は 1,000 名の学習者と 50 名の日本語母語話者から，800 万語を超える大量の産出データを集めたことである。

　I-JAS を用いて研究を行う際には，参加者の産出データ（作文・発話）を調べるだけでなく，その属性情報や習熟度情報を加味して分析を行うことが重要である。また，異なるタスク間で頻度を比較する際には，タスクごとに産出の総語数を調べ，得られた頻度を標準化しておく必要がある。この目的に沿い，以下，第 2 部の 6 〜 8 章では，参加者の属性・習熟度・産出語数の 3 点について計量的な概観を行うこととしたい。なお，6 〜 8 章の分析のもとになっているのは，I-JAS の関連情報の 1 つである「フェイスシート調査（背景調査）結果」と「語数表」の情報である。

　さて，6 章においては，参加者の一般的な属性情報に注目する。フェイスシートからわかる情報は多岐にわたるが，以下では，(1) 母語別・学習環境別の参加者数，(2) 職業・性別・年齢，(3) 言語環境（複言語使用状況），(4) 日本語学習環境（教育機関・学習のきっかけ・日本語使用活動）の 4 観点を取り上げ，状況を概観したい。

6.2　母語別参加者数

　前述のように，I-JAS には 12 の異なる母語背景を持った海外学習者，国内日本語学習者（教室環境，自然環境），日本語母語話者，あわせて 1,050 名のデータが収録されている。日本語母語話者を含め 1,050 名の属性を表1に示す。

表1　参加者の度数表（単位：人）

区分		参加者数
母語 (ID)	中国語 (C)	200
	英語 (E)	100
	フランス語 (F)	50
	ドイツ語 (G)	50
	ハンガリー語 (H)	50
	インドネシア語 (I)	50
	韓国語 (K)	100
	ロシア語 (R)	50
	スペイン語 (S)	50
	タイ語 (TTH)	50
	トルコ語 (TTR)	50
	ベトナム (V)	50
	日本語 (JJJ)	50
学習環境 (ID)	教室環境 (JJC, JJE)	100
	自然環境 (JJN)	50

　表1では，母語別として日本語母語話者と 12 言語の母語話者，そして，学習環境別で教室環境で日本語を学習した人と自然環境で日本語を習得した人の数を示した。なお，教室環境と自然環境の学習者の母語は様々であり，詳しい属性は 2.3 節を参照してほしい。以下では，表1の母語に準拠して集計を行う。また，図表で集計を行う際は，（　）内のアルファベットを ID として使用する。

6.3　職業・性別・年齢

　参加者による産出は，職業（学生か否か）・性別・年齢などによっても影響を受ける可能性がある。まず，職業と性別について全体像を見ておこう（表2，図1）。

表2　職業と性別のクロス集計表（単位：人）

		性別			合計
		女	男	未回答	
職業	学生	630	308	10	948
	非学生	63	38	0	101
	無回答	1	0	0	1
合計		694	346	10	1,050

表2からI-JASの参加者の多くは学生であること，女性が男性のほぼ2倍であることがわかる。これらはI-JASのデータを社会言語学なコンテキストで解釈する場合に留意しておくべき情報と言える。

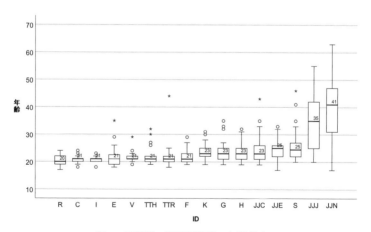

図1　母語別・学習環境別の年齢分布

　次に年齢の分布について述べる。I-JASの参加者は，もっとも若い人で，17歳，もっとも高齢な人で63歳となり，様々な年齢の人が参加している。全体の平均としては，23.7歳ということになるが，母語別・学習環境別に

分布を示すと，図 1 のようになる。図 1 の箱ひげ図（コラム参照）の中央値で見ると，多くの地域で 20 歳前後になっていることが確認できる。ただ，日本語母語話者（JJJ）が 35 歳，日本国内自然環境学習者（JJN）が 41 歳となっており，これらが平均を押し上げている。なお，JJJ の年齢が他より高いのは，日本語母語話者については，性別と年齢を意図的に統制しているためである（2.3.4 節参照）。

＜コラム 1＞　箱ひげ図

　箱ひげ図は，データのばらつきを複数の統計量でもって示すグラフである。箱ひげ図は，次の 5 つの要素で構成されている。中央値，最大値，最小値，外れ値，第 3 四分位点と第 1 四分位点で作る箱である（図 a）。箱ひげ図は，以下の 7 つの手順で描画される。

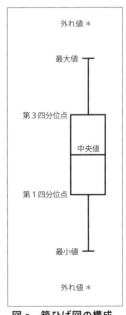

図 a　箱ひげ図の構成

ステップ 1)　入力データをもとに中央値を算出し，箱の中央に線として示す。

ステップ 2)　ステップ 1 で算出した中央値を基準にして，それより小さい値のデータからさらに中央値（＝第 1 四分位点）を算出する。

ステップ 3)　ステップ 1 で算出した中央値を基準にして，それより大きい値のデータからさらに中央値（＝第 3 四分位点）を算出する。

ステップ 4)　第 1 四分位点から第 3 四分位点までの距離に基づいて箱の大きさを算出する。

ステップ 5)　箱の上下端から箱の 1.5 倍の幅を取り，この範囲よりさらに遠くにあるデータを「外れ値」とする。

ステップ 6)　　外れ値を除いたデータの最小値を下のヒゲの先端とする。

ステップ 7)　　外れ値を除いたデータの最大値を上のヒゲの先端とする。

　箱ひげ図では，中央値のほかに箱の大きさも重要な意味を持つ。なぜなら，箱の中に全データの 50％が入ることになっているからである。図 1 の年齢の図で言えば，中国語話者 (C) とインドネシア語話者 (I) とは箱のサイズが非常に小さく，中央値である 20 歳にデータが集中していることが確認できる。一方の日本語母語話者 (JJJ) や日本国内自然環境学習者 (JJN) の場合，箱のサイズが大きく，データがばらついていることが確認できる。

6.4　言語環境

　外国語学習においては，母語以外の言語に関してどのような状況にあるのかも重要といえる。I-JAS では均衡バイリンガル話者は参加者に含めていないが，母語と日本語以外に，ある程度話せる言語を有する学習者であれば，そのことが，日本語使用に影響する可能性は十分に考えられる。また，学習者が日本語に日常的に接触できる環境にいるかどうかも，日本語使用に影響を及ぼすであろう。

　まず，前者に関して，背景調査の「13-1：母語以外の日常的に使える言語はあるか」の回答結果を調査した。この質問に対して「はい」と答えた人を複言語使用者，「いいえ」と答えた人を単言語使用者として捉え，その数を集計した結果が図 2（次頁）である。図中の数字は人数を示す（以下，同）。左から右に進むにつれ，単言語使用者が多いことになるが，全体的な傾向として，左側にフランス語 (F)，ドイツ語 (G)，スペイン語 (S) などのヨーロッパ圏が，右側にベトナム語 (V)，中国語 (C)，タイ語 (TTH) などのアジア圏が多いことがわかる。

　複言語使用者に対するさらなる調査として，フェイスシートの「13-2：その言語は何か」に対する回答結果を確認する。上位 10 位を表 3 にまとめる。

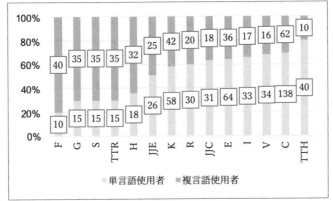

図2　単言語使用者と複言語使用者の分布（単位：人）

表3　複言語の上位10位

言語	人数
英語	281
日本語	122
中国語	30
韓国語	10
スペイン語	9
フランス語	8
ドイツ語	7
インドネシア語	5
ジャワ語	4
スンダ語	4

　表3からわかることとして，やはりもっとも多いのは，英語であり，その次に日本語・中国語・韓国語が並んでおり，概ね予想通りの結果と言えよう。
　では，次に，2つ目の点に関して，フェイスシートの「10-1：住んでいるところで日常的に日本語が話されているか」という質問に対する回答分析の結果を示す。この質問に対して「はい」と答えた人は日常的に日本語が話されている環境にあり，「いいえ」と答えた人は日本語が非日常的環境にいると捉えることができる。

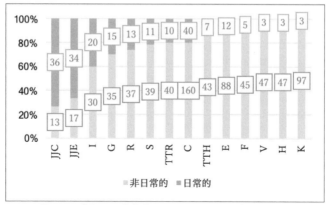

図 3　日本語の日常的使用についての回答（単位：人）

　左から右に進むにつれ，日本語が非日常的な環境であることを示す。全体的な傾向として，日本国内の教室環境の学習者である JJC と JJE とそれ以外で大きな差が観察される。JJC や JJE が日本語が日常的であることは予想の範囲内であるが，海外の中でも，インドネシア語 (I) とドイツ語 (G) 話者に関しては 30 〜 40% の学習者が日本語が日常的であると回答している点は興味深い。スペイン語 (S) やトルコ語 (TTR) や中国語 (C) 話者においても，20% 程度の学習者が日本語が日常的であると回答しており，インターネットの普及などが影響している可能性も考えられる。

6.5　日本語学習環境

　最後に，日本語の学習者環境について概観しておこう。まず，フェイスシートの「16：現在，日本語をどのように学んでいるか」という質問に対する回答を確認した（表 4, 次頁）。集計の便宜上，アジアやアメリカなどいくつかの地区にまとめる。

　さらに，「18-1：教育機関で日本語学習の経験があるか」という質問に対する回答を整理したところ，学習者 1,000 名中，90％以上が教育機関での教育経験ありという結果であった。これは I-JAS がそうした学習者を主として集めていることによる。

表4　日本語の学習方法（複数選択あり）

区分	アジア	アメリカ	オセアニア	ヨーロッパ	日本	合計
教育機関	432	34	41	306	98	911
独学	273	18	15	173	53	532
日常生活	78	4	1	51	40	174
家庭教師	8		2	19	38	67
合計	791	56	59	549	229	1,684

　次に，18-1の続きとして行った「18-2：「はい」の場合，機関と時期」の
結果を確認する。

表5　教育機関の詳細（複数選択あり）

区分	アジア	アメリカ	オセアニア	ヨーロッパ	日本	合計
大学主専攻	388	18	34	220	2	662
大学主専攻以外	40	20	6	82	39	187
小中高	98	13	27	16	4	158
語学教室	33	1	1	37	90	162
その他	9	1	1	2	3	16
合計	568	53	69	357	138	1,185

　もっとも多いのは大学の主専攻である。そして，主専攻に次いで多いのが
大学主専攻以外で，教養科目として日本語を勉強しているなどの例がこれに
含まれる。ヨーロッパにおいては，主専攻以外の比率が高い点に注意してほ
しい。なお，合計が1,185になっているのは，一人の学習者が複数の選択肢
を選択しているためである。
　次に，フェイスシートの「15：日本語学習のきっかけは何か」の回答状
況を見ておこう。
　表6からわかることとして，どの地域においても，「日本への興味」が
もっとも多く，それに次いで「仕事・将来のため」，「留学のため」が選択さ
れており，概ね予想通りの結果になっていると言えよう。

表6　学習のきっかけ（複数選択あり）

学習動機	アジア	アメリカ	オセアニア	ヨーロッパ	日本	合計
日本への興味	380	36	42	249	54	761
仕事・将来のため	212	20	22	142	49	445
留学のため	105	20	17	106	57	305
生活のため	53	15	20	72	39	199
友人・家族のすすめ	78	3	7	25	24	137
その他	42	1		10	35	88
合計	870	95	108	604	258	1,935

　次に，日本語で行っている活動に関して，フェイスシートの「17：日本語でする活動は何か」に対する回答を確認する。なお，活動タイプのAは「テレビ・ドラマ・映画・アニメを見る」，Bは「新聞・雑誌・小説・漫画を読む」，Cは「チャット・スカイプ・ゲーム・カラオケをする」を表す。

表7　日本語で行っている活動（複数選択あり）

活動	アジア	アメリカ	オセアニア	ヨーロッパ	日本	合計
A	456	34	37	235	126	888
B	288	23	21	157	60	549
C	231	24	24	137	61	477
その他	20	2	2	11	12	47
合計	995	83	84	540	259	1,961

　全体を合算すれば，もっとも多いのはAタイプの活動であり，以下，Bタイプ，Cタイプがそれに続く。ここから，日本語学習者が教科書以外にどのようなコンテンツで日本語を学習しているかがわかる。また，ヨーロッパの学習者は，他の学習者と比較して，Bタイプの活動の度合いが相対的に高い。

6.6　まとめ
　本章では，I-JAS の参加者のうち，日本語学習者がどのような背景情報を持っているかを紹介した。1節で全体の概観を行った後，2節では母語別の参加者数について述べた。

　3節では，職業・性別・年齢に注目し，学生が大半であること，女性のほうが多いこと，平均年齢は23.7歳であることなどを述べた。

　4節では，言語環境に注目し，母語以外に日常的に使用する言語を有する複言語使用者が一定数いること，欧州では複言語話者のほうが多いことなどを示した。

　5節では，日本語学習環境に注目し，海外学習者の多くが大学で日本語を学んでいること，「日本への興味」が学習動機として多いことなどを述べた。

　第二言語習得や日本語教育の研究では，産出されたデータから何らかの傾向が得られた場合，それを母語だけに帰するのではなく，学習者の背景や学習環境についても考慮する必要があると言える。次章では，同じく学習者の産出研究で考慮する必要がある習熟度に注目する。

第7章

参加者の習熟度

7.1　はじめに

　I-JAS は大規模な日本語学習者コーパスであるが，特筆すべきは，学習者の日本語習熟度データとして，3.6.1 節と 3.6.2 節で述べた「J-CAT」と「SPOT」のスコアが付属していることである。この情報を活用することで，学習者の産出分析を精緻化し，考察をさらに深めることができる。

　本章では，J-CAT と SPOT の得点分布を中心に報告する。得点分布についての理解は，I-JAS の性質を捉える上でもっとも基礎的かつ重要な情報である。なお，以下の節では，得点の度数分布表をもとにしたヒストグラムと母語別の得点情報を示す。

7.2　J-CAT と SPOT の全般的得点分布

　I-JAS に収録されている全データをもとに，J-CAT の合計得点（400点満点）と SPOT の得点（90点満点）を調査したところ，以下のような得点分布が確認された。なお，J-CAT の平均点は 201.95，標準偏差は 58.89，SPOT の平均点は 66.23，標準偏差は 12.06 である。

　ヒストグラムは，横軸がテストの得点，縦軸が度数（人数）である。ヒストグラムを通して得点の全体分布を確認することができる。図を見る際のポイントとして，中央（中程度の能力の集団）が盛り上がって，両端に伸びる分布，すなわち正規分布になっているかどうかを確認する。

　図1の J-CAT であれば，200点台がもっとも盛り上がっていて，左端の100点台（能力が低い集団）と右端の300点台（能力が高い集団）が少なくなっていることが確認できる。図2に関しても分布のパターンとしては概ね図1

と同じと言える。つまり，図 1 と図 2，いずれも正規分布に従っていること
が確認でき，1 つの集団として考えてよいことがわかる。

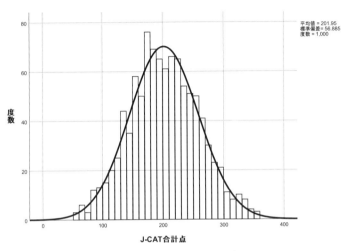

図 1　J-CAT 合計点のヒストグラム

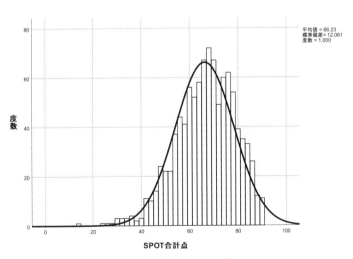

図 2　SPOT 得点のヒストグラム

＜コラム 2 ＞正規分布とヒストグラム

　正規分布というのは，その名前のとおり，普通の分布であることを意味し，統計分析では，平均を計算したり，平均をもとに差を論じたりする際の前提条件として認識されており，必ず確認すべき性質の1つであるとされている。統計の世界では，ガウス分布（Gaussian distribution）とも呼ばれ，平均値の周辺に集積するデータの分布を表すものであるが，左右対称の連続型になる。正規分布に従っていることが平均を計算する根拠になるが，私たちを取り巻く様々な事象が正規分布に従うと言われている。たとえば，クラスの成績などもこれに従うと言われている。一般的なクラスは，多くの場合，非常に学習能力が高い人たち（能力値が高い集団）は少数であり，非常に学習能力が低い人たち（能力値が低い集団）も少数である。多くは，まあまあの学習能力を持つ人たち（中程度の能力値を持つ集団）である。正規分布はこのような事象を捉えているのである。

　さて，正規分布であるかどうかを確認するために，いくつかの方法があるが，もっとも直感的に理解できる方法として，図1や図2のようなヒストグラムを書く。

　ヒストグラムを書くことで，正規分布に従っているかどうかだけでなく，テスト難易度と受験者の能力の関係についても把握できる。図 a のヒストグラムを見ると全体として（得点が低い）左側によっていることがわかる。これは受験者の能力に対してテストの難易度が高かった場合に起こる。図 b のヒストグラムを見ると，全体として（得点が高い）右側によっていることがわかる。これは受験者の能力に対してテストの難易度が低かった場合に起こる。

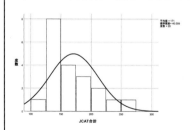 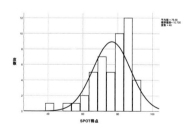

図 a　地域 A の J-CAT の合計得点　　図 b　地域 B の SPOT90 の合計得点

次に，3.6 節で述べた J-CAT のレベル判定基準（7 レベル）と SPOT の基準（3
レベル）に従って 1,000 名の学習者のレベル分布を調査したところ，以下の
通りとなった。

表 1　J-CAT によるレベル判定の結果（1000 名分）（単位：人）

レベル	度数	%
1. 初級（0 〜 100 点）	37	3.7
2. 中級前半（101 〜 150 点）	145	14.5
3. 中級（151 〜 200 点）	318	31.8
4. 中級後半（201 〜 250 点）	298	29.8
5. 上級前半（251 〜 300 点）	160	16.0
6. 上級（301 〜 350 点）	39	3.9
7. 日本語母語話者相当（351 〜 400 点）	3	0.3

表 2　SPOT によるレベル判定の結果（1000 名分）（単位：人）

レベル	度数	%
1. 成績低群（0 〜 55 点）	191	19.1
2. 成績低群（56 〜 80 点）	692	69.2
3. 成績低群（81 〜 90 点）	117	11.7

3.6 節で述べたとおり，そもそも「J-CAT」と「SPOT」は異なるテストであ
り，測定する能力も異なればレベルの判定基準も異なる。
　では，2 つのテストの対応はどうなっているのであろうか。表 3（次頁）は，
J-CAT と SPOT の対応をクロス集計表で示したものである。表 3 を見ると，
SPOT の成績低群は，J-CAT の初級〜中級後半を含む広い領域であること，
SPOT の成績中群に関しても，（J-CAT の初級と上級は誤差の範囲であるが，）中
級前半〜上級前半を含む広い領域であることが確認できる。

表3　J-CAT と SPOT のレベル判定のクロス集計表（単位：人）

		SPOT			合計
		1. 成績低群	2. 成績中群	3. 成績高群	
J-CAT	1. 初級	32	5		37
	2. 中級前半	79	66		145
	3. 中級	71	247		318
	4. 中級後半	9	271	18	298
	5. 上級前半		97	63	160
	6. 上級		6	33	39
	7. 母語話者相当			3	3
	合計	191	692	117	1,000

7.3　J-CAT に見る母語別・学習環境別の習熟度分布

　母語と学習環境を基準にし，J-CAT による得点を分析した結果を述べる（表4～表7）。なお，このデータは，漢字圏学習者は日本語能力が高く，非漢字圏学習者は日本語能力が低いことを意味するものではないことに注意してほしい。6.5 節で述べた日本語の学習環境なども考慮した上で，データを解釈すべきである。

表4　J-CAT による母語別の得点の分析結果

母語	最小値	最大値	平均値	標準偏差
中国語（C）	103	354	242.60	41.70
英語（E）	61	284	165.74	49.42
フランス語（F）	72	251	160.24	30.47
ドイツ語（G）	114	309	190.44	33.43
ハンガリー語（H）	118	301	209.42	45.69
インドネシア語（I）	85	217	173.56	32.27
韓国語（K）	92	355	257.88	55.71
ロシア語（R）	81	304	188.50	46.62
スペイン語（S）	59	236	143.78	39.07
タイ語（TTH）	141	331	217.68	39.30
トルコ語（TTR）	62	276	160.12	54.29
ベトナム（V）	118	275	195.38	35.95

表5　J-CAT による学習環境別の得点の分析結果

学習環境	最小値	最大値	平均値	標準偏差
教室環境1（JJC）	83	316	209.20	51.82
教室環境2（JJE）	82	279	185.27	42.63
自然環境（JJN）	55	294	188.28	60.96

表6　J-CAT による母語別のレベル分布（単位：人）

母語	初級	中前	中級	中後	上前	上級	母語	合計
中国語（C）	0	2	32	76	76	13	1	200
英語（E）	11	31	33	21	4	0	0	100
フランス語（F）	1	18	27	3	1	0	0	50
ドイツ語（G）	0	4	28	17	0	1	0	50
ハンガリー語（H）	0	5	18	18	8	1	0	50
インドネシア語（I）	1	8	26	15	0	0	0	50
韓国語（K）	1	5	8	29	35	20	2	100
ロシア語（R）	1	9	18	17	4	1	0	50
スペイン語（S）	5	24	17	4	0	0	0	50
タイ語（TTH）	0	1	18	23	6	2	0	50
トルコ語（TTR）	10	10	19	9	2	0	0	50
ベトナム（V）	0	4	25	18	3	0	0	50
合計	30	121	269	250	139	38	3	850

注）中前：中級前半，中後：中級後半，上前：上級前半，母語：日本語母語話者相当

表7　J-CAT による学習環境別のレベル分布（単位：人）

学習環境	初級	中前	中級	中後	上前	上級	合計
教室環境1（JJC）	1	5	14	17	11	1	49
教室環境2（JJE）	2	8	23	16	2	0	51
自然環境（JJN）	4	11	12	15	8	0	50
合計	7	24	49	48	21	1	150

注）中前：中級前半，中後：中級後半，上前：上級前半，母語：日本語母語話者相当

　I-JAS を使った研究を行う際，母語の効果を見るのであれば，日本語習熟度が等しい学習者で調査を行う必要がある。表4と表5で全体の分布を把握した上で，表6と表7で母語グループごとの日本語習熟度の差を統制し

た研究を行うことが可能になる。

　なお，ここでは，J-CAT の合計点に基づいて分類を行ったが，統計的手法を用いることで，4 種のサブスコアから合計点に変わる新しい習熟度指標を作り出し，それに基づいて学習者を分類することもできる。この点については，本書 12.2 節を参照されたい。

7.4　SPOT に見る母語別・学習環境別の習熟度分布

　母語を基準にし，SPOT による得点を分析した結果を述べる（表 8 〜 11）。なお，記述統計量とはデータの分布や特徴を代表的に表す統計学上の値であり，要約統計量とも呼ばれている。

表 8　SPOT による母語別の記述統計量

母語	最小値	最大値	平均値	標準偏差
中国語（C）	55	90	74.69	6.87
英語（E）	30	79	58.97	11.48
フランス語（F）	42	78	59.82	8.11
ドイツ語（G）	43	84	64.50	8.53
ハンガリー語（H）	45	86	69.72	9.41
インドネシア語（I）	45	76	62.10	6.64
韓国語（K）	41	90	78.59	8.89
ロシア語（R）	45	86	67.68	9.24
スペイン語（S）	36	76	56.42	8.29
タイ語（TTH）	49	87	67.30	8.08
トルコ語（TTR）	30	81	59.58	12.11
ベトナム（V）	37	76	57.42	9.07

表 9　SPOT による学習環境別の記述統計量

学習環境	最小値	最大値	平均値	標準偏差
教室環境 1（JJC）	36	87	67.16	10.42
教室環境 2（JJE）	43	78	62.31	8.77
自然環境（JJN）	14	85	56.90	18.07

表 10　SPOT による母語別のレベル分布（単位：人）

母語	成績低群	成績中群	成績高群	合計
中国語（C）	1	160	39	200
英語（E）	38	62	0	100
フランス語（F）	14	36	0	50
ドイツ語（G）	11	37	2	50
ハンガリー語（H）	3	38	9	50
インドネシア語（I）	7	43	0	50
韓国語（K）	2	48	50	100
ロシア語（R）	5	41	4	50
スペイン語（S）	25	25	0	50
タイ語（TTH）	6	41	3	50
トルコ語（TTR）	17	31	2	50
ベトナム（V）	22	28	0	50
合計	151	590	109	850

表 11　SPOT による学習環境別のレベル分布（単位：人）

学習環境	成績低群	成績中群	成績高群	合計
教室環境 1（JJC）	7	38	4	49
教室環境 2（JJE）	12	39	0	51
自然環境（JJN）	21	25	4	50
合計	40	102	8	150

　以上で，J-CAT および SPOT の得点分布状況を概観してきた。第二言語習得研究においては，学習者の産出実態を捉えるため，母語の影響を考慮することは重要であるが，それ以上にそもそも日本語能力が異なっていることを考慮する必要がある。こうした要請において，表 4 〜表 11 の情報は重要である。

7.5　まとめ

　本章では，I-JAS の参加者のうち，日本語学習者がどのような習熟度レベルにあるかを紹介した。1 節で全体の概観を行った後，2 節では J-CAT とSPOT のスコアの分布情報の全体を概観し，どちらも正規分布していること

や，両テストによるレベル判定には，ずれも存在することを述べた。

　3節では，母語別の J-CAT スコアを概観した。その結果，母語により得点の平均値に大きな差があることが明らかになった。たとえばスペイン語話者 (S) は 400 点満点中 143.78 点，韓国語話者 (K) は 257.88 点となっている。

　4節では，同じく母語別の SPOT スコアを概観した。同様に，母語によって差があることが確認された。90 点満点中，英語 (E) 話者は 58.97 点，韓国語 (K) 話者は 78.59 点となっている。

　J-CAT も SPOT も母語による点差が確認されたが，この違いから母語と日本語能力の関係を論じることは危険である。なぜなら，学習期間や学習者が教育機関での主専攻の学生か否か等，様々な要因が考えられるからである。

　多くの日本語学習者コーパスが存在するが，I-JAS のように，複数の客観テストのスコアを有するものはほとんど存在しない。学習者コーパス研究では，母語の比較を行うことが多いが，その際，母語以外の条件を同一にする必要がある。詳細な習熟度を活用することで，信頼性の高い比較研究ができると思われる。

　次章では，I-JAS の計量的概観の最後として，タスク別の産出量を概観する。

第 8 章

参加者の産出語数

8.1 はじめに

コーパス分析では，個別の頻度を議論するにあたり，全体のサイズ情報を参照して正規化を行う。たとえば，20 万語中の 20 回と 30 万語中の 9 回であれば，それぞれの総語数で割って 10 万語あたりの調整頻度に換算し，10回と 3 回として議論を行う。

こうした頻度の調整は母語間の比較を行う際に多く行われるが，タスク間の産出の比較を行う際にも同様の調整が必要となる。とくに I-JAS の場合，「対面調査」と言っても，そこには性質を異にする多くのタスクが含まれており，これらを比較する研究も必要であろう。そこで，本章では，I-JAS の対面調査のデータを用い，参加者がそれぞれのタスクにおいて産出した語数を概観することとしたい。

なお，インタビューデータの総語数については，参加者発話 (K) だけを指す場合と，参加者発話と調査者発話の両方 (K + C) を指す場合があるので注意が必要である。

8.2 タスク別産出語数

I-JAS には 800 万語のデータが収録されているが，その内訳はどのようになっているのであろうか。まず，タスク別および全体の総語数について確認する。なお，本章で言う語数とは形態素の数のことである。

表1 タスク別およびインタビュー全体の総語数

タスク	K のみ		K + C	
	形態素数	%	形態素数	%
1. ストーリーテリング1	167,640	3.6	180,416	2.2
2. ストーリーテリング2	188,810	4.1	198,628	2.5
3. 対話	3,168,198	68.6	5,952,601	73.7
4. ロールプレイ1	270,256	5.9	531,719	6.6
5. ロールプレイ2	267,661	5.8	571,958	7.1
6. 絵描写	331,582	7.2	419,394	5.2
7. ストーリーライティング1	107,167	2.3	107,167	1.3
8. ストーリーライティング2	115,086	2.5	115,086	1.4
合計	4,616,400	100	8,076,969	100

　タスク別の比率を見ると，対話タスクが全体の約7割を占めていることがわかる。また，全体の語数は800万語を超えるが，参加者発話に限れば約半分の460万語であることもわかる。

　なお，上記は参加者全体をひとまとめにした語数であるが，参加者1名当たりの平均で見るとどうなっているのであろうか。なお，タスクごとの参加者数は1,050名であるが，調査の後半から導入された絵描写タスクのみ，参加者数が757名になっている（3.5.2.5節参照）。

表2 タスク別の総語数の分析結果1（K のみ）

タスク	最小値	最大値	平均値	標準偏差
1. ストーリーテリング1	37	1,028	159.66	74.05
2. ストーリーテリング2	44	841	179.82	82.46
3. 対話	983	7,623	3017.33	965.29
4. ロールプレイ1	64	882	257.39	105.43
5. ロールプレイ2	54	830	254.92	112.92
6. 絵描写	107	1,625	438.02	183.49
7. ストーリーライティング1	28	328	102.06	36.11
8. ストーリーライティング2	23	292	109.61	39.01
合計	1,692	9,448	4396.57	1,250.02

　表 2 では，各タスクの記述統計量を示している。ストーリーテリング 1 を例にとった場合，最小値の 37 とはもっとも少なく発話した参加者の語数であり，最大値の 1,028 はもっとも多く発話した参加者の語数である。平均値は，ストーリーテリング 1 の全参加者の語数をもとに算出した平均語数であり，標準偏差はその平均に対するばらつき度を示す。ストーリーテリング 1 と 2 を比較した場合，最大値と最小値は，ストーリーテリング 2 のほうが小さいが，平均値や標準偏差はいずれも大きいため，ストーリーテリング 2 のほうが，産出量も多く，個人(による産出の)差も大きいことがわかる。
　次の表 3 は，調査者の発話を加えた場合の結果である。

表 3　タスク別の総語数の分析結果 2 (K+C)

タスク	最小値	最大値	平均値	標準偏差
1. ストーリーテリング 1	47	1,035	171.82	75.60
2. ストーリーテリング 2	49	847	189.17	83.68
3. 対話	2,792	10,912	5,669.14	1,253.15
4. ロールプレイ 1	104	1,351	506.40	166.36
5. ロールプレイ 2	147	1,420	544.72	192.57
6. 絵描写	138	1,984	554.02	236.07
7. ストーリーライティング 1	28	328	102.06	36.11
8. ストーリーライティング 2	23	292	109.61	39.01
合計	3,675	12,986	7,692.35	1,583.97

　それぞれの正規分布性を確認するため，ヒストグラムを作成した(次頁)。図 1, 図 2 によって，I-JAS の総語数が正規分布に従っていることが確認された。

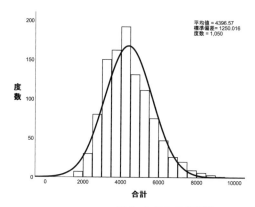

図1 Kのみの発話数

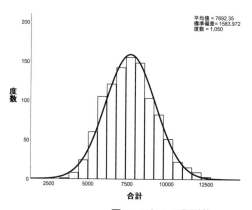

図2 KとCの発話数

8.3 母語別・学習環境別の産出語数

　本節では，タスク別に，発語数を比較する。集計は，母語と学習環境を基準に行う。集計対象のタスクは1,050名分のデータがそろう7つのタスク（ストーリーテリング1・2，対話，ロールプレイ1・2，ストーリーライティング1・2）として，発話としては参加者の発話のみ対象に集計を行う。また，集計方法は，平均発語数を計算し，線グラフ（降順）で示す（図3〜図10）。すべてのグラフの縦軸は発語数であり，横軸は，第6章の6.2節で使用したID

である（中国語 (C)，英語 (E)，フランス語 (F)，ドイツ語 (G)，ハンガリー
語 (H)，インドネシア語 (I)，韓国語 (K)，ロシア語 (R)，スペイン語 (S)，
タイ語 (TTH)，トルコ語 (TTR)，ベトナム (V)，日本国内教室環境 1 (JJC)，
日本国内教室環境 2 (JJE)，日本国内自然環境 (JJN)）。なお，紙面の都合上，
線グラフのみを示すが，より詳細な数値データは，本書のサポート用ウェブ
サイト（www.9640.jp/ijas/）に掲載しているので，そこから入手してほしい。

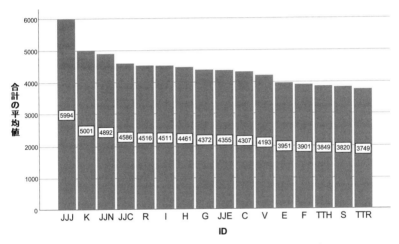

図 3　合計発話の母語別・学習環境別産出量（発語数）

　図 3 では，全タスクの合計発語数の一人あたり平均値を母語別・学習環
境別に比較している。これを見ると，合計量としてもっとも長く発話してい
るのは，日本語話者 (JJJ) であり，もっとも少ないのは，トルコ語話者 (TTR)
であることがわかる。また，同じタスクを行ったにも関わらず，大きな差が
あることがみてとれる。同じ海外であっても韓国語 (K) 話者は平均 5,001 形
態素でタスクを行っているのに対して，トルコ語 (TTR) 話者は，3,749 形態
素でタスクを行っており，1,000 形態素以上，違っているのである。同じ方
法で，以下，ストーリーテリングからストーリーライティングまでを示す。

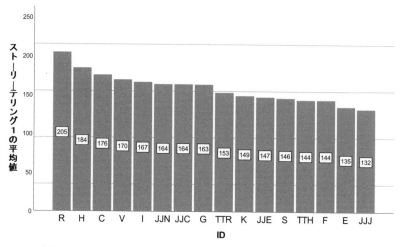

図4 ストーリーテリング1の母語別・学習環境別産出量（発語数）

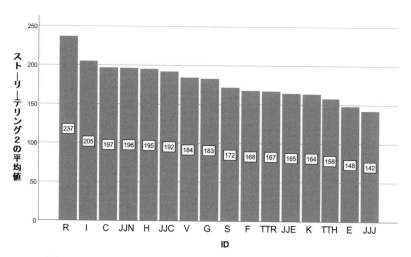

図5 ストーリーテリング2の母語別・学習環境別産出量（発語数）

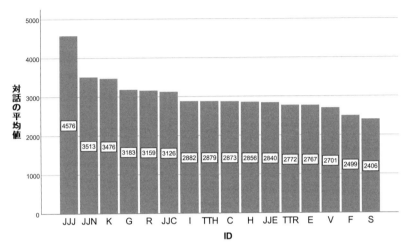

図 6　対話の母語別・学習環境別産出量（発語数）

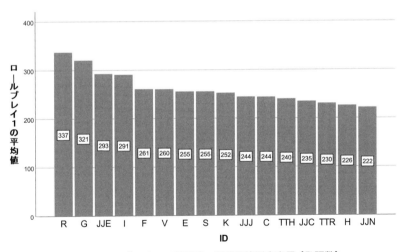

図 7　ロールプレイ 1 の母語別・学習環境別産出量（発語数）

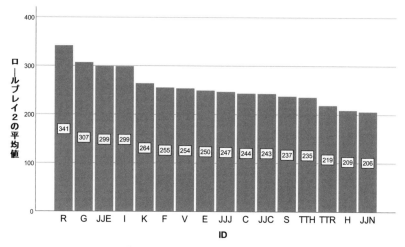

図 8　ロールプレイ 2 の母語別・学習環境別産出量（発語数）

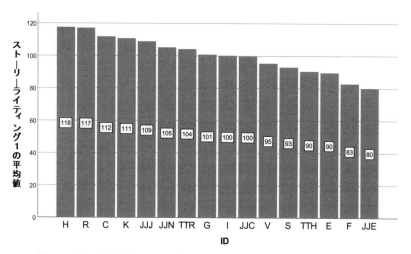

図 9　ストーリーライティング 1 の母語別・学習環境別産出量（発語数）

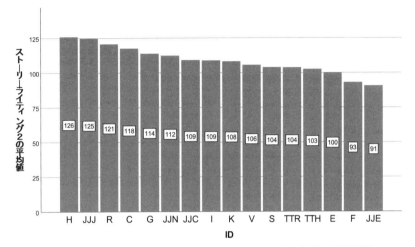

図 10　ストーリーライティング 2 の母語別・学習環境別産出量（発語数）

　図 4 から図 10 を全体で概観することで，母語や学習環境による産出多様性の一端が確認できる。ストーリーテリングとストーリーライティングのように描写をするタスクにおいてはロシア語（R），ハンガリー語（H），中国語（C）話者において顕著な産出が観察されるが，対話のようにその場でやり取りが必要なタスクにおいては，やはり日本語に慣れている母語話者（JJJ）や自然環境学習者（JJN）が顕著な産出を見せている。そして，ロールプレイにおいては，ロシア語（R），ドイツ語（G），日本国内の教室環境（JJE）学習者が顕著な産出を見せている。

　このように，参加者ごとに，どのタスクで産出量が多く，どのタスクで産出量が少ないのかを見ることで，参加者ごとに，個々のタスクへの得意・不得意を比較することもできるだろう。また，いくつかの先行研究の指摘によれば，言語能力の有無と産出量の差には有意な関連があると報告されている。とくに，流暢さに関わる問題を考える上で産出量は重要な要素であると考えられている（李ほか，2019）。

　もっとも，母語の差とタスク差を組み合わせ，より包括的な分析を行うには，さらに詳細な統計データが必要である。関連する資料は，本書のサポート用ウェブサイト（www.9640.jp/ijas/）に掲載しているので，活用してほしい。

8.4　まとめ

　本章では，I-JAS の参加者のインタビューにおける産出語数を紹介した。
1 節で全体の概観を行った後，2 節ではタスク別の産出語数，および，イン
タビュー全体の総語数を確認した。

　3 節では，7 種のタスクを取り上げ，母語別・学習環境別に産出語数がど
のように変化するかを棒グラフで概観した。

　以上，第 2 部にあたる 6 〜 8 章では I-JAS の全体像を計量的観点から概観
してきた。1,050 名の参加者から 800 万語を超えるデータを集めた I-JAS は
これまで公開されてきたどの日本語学習者コーパスと比べても，圧倒的に大
規模なコーパスであると言える。

　そこに含まれる大量の情報を効率よく検索するには，オンラインの検索シ
ステムの活用が不可欠になるだろう。また，大量のテキスト情報から得られ
た頻度情報を適切に扱う際には統計手法の使用も必要になるだろう。第 3
部ではこれらの点について解説を行う。

第3部　I-JAS の使用法

第3部

本書第1部では，I-JAS の構築過程を示し，第2部では収集されたデータを計量的に概観してきた。いよいよ第3部ではコーパスを「実際に使ってみる」こととしたい。

まず，第9章と第10章では，国立国語研究所コーパス検索アプリケーション「中納言」上で I-JAS を検索するやり方を詳しく解説する。「中納言」では，文字列検索と，形態素解析を行ったデータをもとに行う短単位での検索の2種類方法があるが，9章では前者を，10章では後者を扱う。

第11章では，コーパスから得られた頻度の処理に関して，計量的な学習者コーパス研究の進め方や心構えについて解説を行う。

第3部の3つの章は，コーパス研究になじみのない入門者を主たる対象者として，具体的な手順について詳しく説明しているので，説明に沿って，ぜひ実際に I-JAS を検索していただきたい。

第 9 章

「中納言」の基本検索

9.1　はじめに

5.2 節で述べたように，I-JAS にはダウンロード版とオンライン版がある。前者は I-JAS に含まれるテキストデータをダウンロードし，利用者が各自のコンピュータ上で自由に分析する方法である。使用するコンコーダンサ（コーパスから用例を検索するソフトウェア）は利用者の側で用意する。一方，後者は国立国語研究所コーパス検索アプリケーション「中納言」（以下「中納言」）上で検索を行う方法である。この場合，インターネットに繋がる環境さえあれば，利用者の側で他に用意すべきものはない。

両者を比較すると，ダウンロード版のほうが検索の自由度が高いが，コーパスやコンコーダンサに関する知識や経験がないと，I-JAS のような大型コーパスからほしい用例を自力で取り出すのは難しい。一方，「中納言」を使えば，初心者であっても，ほしい用例を簡単に取り出すことができる。

そこで，第 9 章と第 10 章では「中納言」での I-JAS 検索方法について解説する。「中納言」には「文字列検索」と「短単位検索」という 2 つの検索方法があるので，第 9 章では前者を中心に基礎的な検索手法を解説し，10章では後者を中心に応用的な検索手法を解説する。ただし，「中納言」上でI-JAS を使用するには登録手続きが必要なので，次節では，まず，その方法から紹介したい。

9.2　事前登録

「中納言」で I-JAS を利用するには，(1)「中納言」のユーザー登録と，(2) I-JAS の利用申請という 2 つの手続きが必要になるが，これらは同時に完了

させることができる。

　まず，「国立国語研究所コーパス検索アプリケーション『中納言』ユーザー登録の申請」画面（chunagon.ninjal.ac.jp/useraccount/register）より，氏名などのユーザー情報をオンラインで入力する。

　申請後，国語研究所から登録コードが送られてくるが，ショートメッセージで受け取る方法（携帯電話またはスマートフォンが必要）と，郵便（封書）で受け取る方法が選べる。前者は1週間，後者は2週間程度かかるので状況にあわせて選べばよい（この内容は本稿執筆時点のもので今後変更の可能性がある）。

　上記の画面で，氏名などを登録する際，同時に使用したいコーパスの利用申請も行うことができる。画面には，「中納言」で使用できるコーパスの一覧が表示されるので，その中から「多言語母語の日本語学習者横断コーパス（I-JAS）」を選び，「利用規約を確認する」ボタンを押して内容を確認した後，「用途」の欄に適切な内容を記入し（例：「〜をテーマとした修士論文の資料として使用予定」など），「このコーパスの規約に同意して利用を申請する」という表示の横にあるチェックボックスにチェックを入れ，「Submit」ボタンを押せば，申請は完了である。

　日本国内で申請する場合，1週間以内には電子メールと登録コードが送られてくるので，電子メールに記載のURLにアクセスし，別途携帯電話に送られてきた登録コードを入力すると，「中納言」のユーザー登録およびI-JASの利用申請が完了し，以後，データを使用できるようになる。

9.3　文字列検索と短単位検索

　さて，いよいよ「中納言」の利用準備が整ったわけであるが，「中納言」での文字列検索の具体的な方法を学ぶ前に，文字列検索と短単位検索という2つの検索方法の違いについて正確に理解しておくことが重要である。

　文字列検索とは，書き起こしされただけのテキストデータを対象として，指定した語（文字列）を検索する方法である。これに対し，短単位検索とは，書き起こし後，形態素解析（4.4節）を行い，短単位と呼ばれる語の単位に切り分けられたテキストデータを対象として，指定した語（短単位）を検索する方法である。両者はそれぞれ長所と短所を持つ。

　文字列検索には，探したい語句を含む用例が見つかりやすいという利点が

あるが，活用する語についてはそれぞれ検索しなければならなかったり，意
図していない用例が結果に混ざりこんでしまうという危険性がある。また，
検索する文字列中で言い淀みがあったり，ポーズがあったりする場合も検索
されない。一方，短単位検索は，正確に対象を指定すれば，探したい語句を
含む用例だけを取り出せるという利点があるが，短単位という特殊な単位に
ついて十分理解していないと，本来は該当する用例が存在するのに，それを
見落としてしまう危険性が高い。

　一例として，「中納言」を使い，I-JAS の全データの中から，サ変動詞の
過去形である「努力した」という表現を探す場合を考えてみよう。

　文字列検索を行うとすぐに7件が見つかる。ただし，そのうちの4例は
「努力したら」の一部，1例は「努力したい」の一部で，もともと調べよう
としていた「努力した」の用例は実は2例のみであった。このように，文
字列検索では，ほしい用例だけでなく，たまたま形を同じにするその他の用
例も混ざりこんで結果が表示されるので注意が必要である。

　一方，短単位検索で同じように「努力した」を検索すると，驚くべきこと
に，「検索条件に該当するデータは見つかりませんでした」という結果が表
示される。もっとも，これには理由がある。短単位検索では，形態素解析に
よって短単位に分割された後のテキストを対象として検索が実行されるが，
そこでは，「努力した」という部分は，あらかじめ，「努力」「し」「た」とい
う3つの独立した語（短単位）の連鎖として記録されている。ゆえに，「努力
した」という語（短単位）を検索しても，該当例が存在しない，という結果に
なるのである。そこで，「努力した」というかたまりではなく，「努力」＋
「し」＋「た」という3つの短単位が連続する共起例を探すようにすると，
過不足なく2例が見つかり，文字列検索で結果に混入した「〜したら」や
「〜したい」の用例は出てこない。

　以上で見たように，短単位検索のほうが正確な検索ができるが，短単位と
いう概念を正確に理解していないと，本当は存在する用例を見落としてしま
う危険性が高い。これに対し，文字列検索は，対象外の用例が検索結果にま
ぎれ混むという危険性はあるものの，検索した語（文字列）と同じものがあ
れば間違いなく検索できる。大まかに言えば，短単位検索は中上級者用であ
るのに対し，文字列検索は初級者用と言えるだろう。そこで，本章ではま

ず，文字列検索の概要について述べていくこととしたい。

9.4 文字列検索：中国語母語話者が対話で使用した「それから」を探す

「中納言」の検索では，(1) 検索対象，(2) タスク，(3) 母語の3点を指定して検索を行うのが基本である。以下，それぞれの手順について説明する。

9.4.1 検索対象の指定

I-JAS の検索画面を開き，一番上の検索タイプ指定で「文字列検索」を指定する。その後，検索文字列のボックスに，「それから」と入力する。

図1　検索対象の指定

次に，検索対象語入力ボックスの右側に注目する。

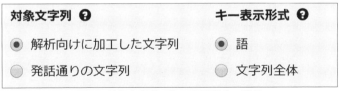

図2　対象文字列・キー表示形式の指定

「対象文字列」については，書き起こし作業で非規範的な表現などを手作業で修正したデータ (4.4.2.3 節) に対して検索を行いたければ「解析向けに

加工した文字列」を選び，処理前のデータ（学習者が発話したままの表現）に対
して検索を行いたければ「発話通りの文字列」を選ぶ。たとえば，学習者は
「つもり」を「ちゅもり」と発音する場合がある。「つもり」という文字列検
索を行った場合，加工した文字列を対象にしていれば用例として検出される
が，「発話通りの文字列」を対象にしていれば用例には含まれない。

　次に，「キー表示形式」については，入力した文字列を短単位にわけて結
果を表示させたければ「語」を，入力した文字列をひとかたまりとみなして
結果を表示させたければ「文字列全体」を選ぶ。今回の例で言えば，「それ
から」は，短単位でわけると，「それ」＋「から」となる。つまり，「語」を
選ぶと，結果表示の際に，「キー」の列には文字列の最後の短単位である
「から」だけが表示され，「それ」は「から」の前文脈の一部とみなされる。
一方，「文字列全体」を選ぶと「それから」はひとかたまりとみなされ，
「キー」の列に表示される。

　これらの設定は研究目的に即して決定すべきだが，ここでは，「対象文字
列」については「解析向けに加工した文字列」を，「キー表示形式」には
「文字列全体」を選んでおくことにしよう。以上で検索対象の指定は終了で
ある。

9.4.2　タスクの指定

　次にタスクを指定する。I-JAS の対面調査では，ストーリーテリング（2
種），対話，ロールプレイ（2種），絵描写，ストーリーライティング（2種），
あわせて8種（絵描写を未実施の場合は7種）のタスクが行われた。

　個々のタスクは性質を異にするものであり，I-JAS で研究を行う際には，
コーパスを「まるごと」検索するよりも，各自の研究目的に即したタスクを
選び，検索を行ったほうが結果の解釈がしやすい。

　ここでは，一例として，対話タスクを選ぶこととする。対話は30分間と
時間が長く，打ち解けた雰囲気で調査者と参加者が会話をしているため，参
加者の一般的な話し言葉の産出を研究するのに適したタスクと言える。

　「中納言」の「言語環境・調査地およびタスク」というセクションを見る
と，行方向にタスク，列方向に母語（調査地）が記載された大きな表がある。
ここで，表の右端を探し，「対話」という文字，あるいはすぐ左隣のボック

スをクリックすると，対話の行すべてに自動でチェックが入る。

図3　タスクの指定（画面の一部）

　以上でタスクの指定は終了である。追加で母語を指定しない場合は，ここまで設定した後，青色の「検索する」ボタンを押せば，対話におけるすべての参加者の「それから」用例が検索できる。

9.4.3　母語の指定

　続いて母語の指定を行う。上で示した「言語環境・調査地およびタスク」の表の中で，中国語（中国（大陸）100名＋台湾100名）を残し，それ以外のクリックを外せばよい。これにより，中国語母語話者の対話のみが検索される。

　なお，ここでは説明の便宜上，先にタスクとして「対話」をすべて指定してから，母語として「中国語」を選ぶやり方を説明したが，最初から下記の2ヵ所にクリックを入れるだけでも結果は変わらない（次頁，図4参照）。

　最後に「検索する」ボタンを押すと，211件の用例が得られる。なお，用例数は本稿執筆時点のもので今後，データの修正によって変化する可能性がある。

　この他の内容で検索を行う場合も，手順は上記と同じである。検索対象・タスク・母語の3種を設定することで，必要な情報を検索することができる。ただし，ある条件で検索を行った後，別の検索を新たに行う場合は，一度，検索条件をリセットする必要がある。トップ画面の右上にある「↑『中納言』コーパス選択画面」をクリックすることで，それ以前に指定した条件がリセットされるようになっている。

	中国語		韓国語	タイ語	ベトナム語	インドネシア語	海外 英語			
言語環境	中国語		韓国語	タイ語	ベトナム語	インドネシア語	英語			
調査地	中国（100人）	台湾（100人）	韓国（100人）	タイ（50人）	ベトナム（50人）	インドネシア（50人）	イギリス（19人）	アメリカ（38人）	オーストラリア（23人）	ニュージーランド（20人）
ST1	☐	☐	☐	☐	☐	☐	☐	☐	☐	☐
ST2	☐	☐	☐	☐	☐	☐	☐	☐	☐	☐
I	☑	☑	☐	☐	☐	☐	☐	☐	☐	☐

図4　母語の設定（画面の一部）

9.4.4　検索結果の読み方

9.4.4.1　KWIC 画面

　検索結果はコーパス言語学における標準的な用例表示方式である KWIC （keyword in context）形式で表示される。これは，検索対象語（keyword）を中心に配置し，その左右に前文脈・後文脈を同時に表示するものである。KWIC 画面を質的に検討することで，個々の語がどのような言語的文脈で使用されているのか調査することができる。

　では，実際の結果例を見てみよう（CCH03-I ／ 7060 ／ 00780）。

前文脈	キー	後文脈
頃^{Y,}ℹ|起き|まし|た|？#昨日|〈うーん〉|、|えー^{F}|、|八|時|、に^{T}|〈うん〉| に|	それ|、から^{T} から	|、|えー^{F}|、|じしゅ^{G}|し|まし|た#自習|？ |自習
起き|まし|た|〈うーん〉|、|えー^{F}|		#はい#あ^{F}|勉強|ね|？#はい#はい|それ|から|？

図５ 結果表示画面（一部）

まず，キーの部分には「それ，から」と表示があり，参加者が中途でポーズを置いて２語のように発音したことがわかる。右上に小さくＴとあるのは読点等の訂正タグ（4.4.2.3 節）である。元の書き起こしテキストでは発話どおりに読点をはさんでいるが，解析向けに加工した文字列では，形態素解析の精度をあげるため，話者の意図を汲んで，読点を抜いて「それから」と修正してあることがわかる。

前文脈には，「それから」の直前の発話内容が表示されている。#のマークは話者の切り替えを示す。対話は，調査者と参加者のやりとりを軸とするが，参加者の発話は青色，調査者の発話は黄色で塗られており，どの部分が参加者の発話かすぐわかるようになっている。上例では，〈うーん〉というのは，参加者の発話中に発せられた調査者のあいづちであるため，黄色く塗られている。

「頃」の後にはＹという文字と，その隣に i（information の略）の記号が見える。Ｙは読みを指定する発音指定タグのことで（4.4.2.4 節），i を押すと「ごろ」という読みがポップアップで表示される。これは「頃」という漢字には「ころ」と「ごろ」という２つの読み方があるが実際の発話では「ごろ」と読まれていたことを示す。

「えー」の後にはＦという文字がある。これは品詞指定タグの一種で，当該語がフィラー等の感動詞であることを示している（4.4.2.2 節）。

後文脈を見ると，「じしゅ」という部分にＧの文字があり，下記に「自習」という修正がなされていることがわかる。Ｇは表記指定タグの一種で，誤発音・誤活用を修正するものである。

　こうしたタグは基本的に大文字のアルファベットで表示されるが，タグを付与した箇所が複数の短単位に分割される場合，最初の短単位以外には，小文字のアルファベットが表示される。

9.4.4.2　関連情報の取得

　結果表示画面からは，参加者に関する関連情報を入手することもできる。上記で引用した用例の左端に注目してみよう。

図6　関連情報へのリンク

　上記で「音声ファイル」をクリックすると，mp3 ファイルがダウンロードされる。「プレインテキスト」をクリックすると，書き起こしテキストがダウンロードでき，対話タスク全体の流れを確認することができる。さらに，「フェイスシート」をクリックすると，非対面調査（3.4 節参照）によって収集した参加者の背景情報が表示される。

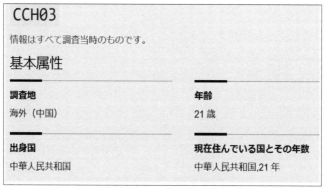

図7　フェイスシート表示画面（一部）

　用例を見ながら，同時に，音声・テキストファイル・フェイスシートを確認することで，データをより深く，また，多角的に検証することが可能になる。

9.4.4.3　結果の保存

　コーパスを使って研究を行う際には，画面上の KWIC 形式による用例一覧を後から確認できるよう保存しておくことが一般的である。青色の「検索する」ボタンの右側にある「検索結果をダウンロードする」をクリックすると，検索した結果のファイルがダウンロードされる。ただし，ダウンロードされたデータは CSV 形式（個々の値をカンマで区切ったテキストファイル）であるため，保存する際には Excel 形式にするとよい。この点については 10.6 節を参照されたい。

　なお，「中納言」も I-JAS も，今後，修正やアップデートがなされる可能性がある。そのため，検索を実行して検索結果を保存する際には，それぞれのバージョンを記録しておくことを勧める。本稿執筆時点の「中納言」のバージョンは 2.4.2，I-JAS のデータバージョンは 2020.03 である。「中納言」のバージョン情報は I-JAS トップ画面右上に表示されている。

9.5　まとめ

　本章では，「中納言」上で，I-JAS のデータに対して，文字列検索を行う方法について概説した。1 節で全体の概観を行った後，2 節では「中納言」および I-JAS の使用申請の方法について述べた。

　3 節では，具体的な検索手法の解説に先立ち，文字列検索と短単位検索という 2 つの検索方法の違いについて概観した。前者は検索した用例を見つけやすいが意図せぬ用例が紛れ込む危険性もあるのに対し，後者は意図した用例だけを正確に抽出できるが，短単位という概念を正しく理解していないと，意図した用例自体が見つからない場合があることを述べた。

　4 節では，検索対象・タスク・母語を指定して検索を実行する方法と，得られた結果の読み方について解説を行った。

　次章では，短単位検索を中心に，「中納言」の応用的な検索技術について紹介したい。

第 10 章

「中納言」の応用検索

10.1　はじめに

　短単位検索では，形態素解析で付与された形態論情報を利用することができる。これにより，文字列検索ではできなかった，以下のような応用検索が可能となる。

［1］　活用形一括検索
［2］　品詞指定検索
［3］　共起検索

　［1］は，動詞の活用形（例：「行かない」「行きます」「行く」「行けない」「行けば」「行こう」「行って」）や語の異表記（例：「やはり」「やっぱり」「やっぱ」など）を一括で検索する方法である。短単位検索では，短単位ごとにその基本形の情報が付与されたデータを使うことになるので，基本形（各種の活用形の祖型という意味で「語彙素」と呼ぶ）を指定するだけで，上記のような例を一度に検索対象にすることができる。

　［2］は，特定の語について品詞を指定して検索したり，あるいは，語を指定せず，任意の品詞の語をすべて検索したりする方法である。たとえば，「感動詞（フィラー）」を一括検索することもできる。

　［3］は，複数の短単位からなる連鎖を検索する方法である。前章の例で言えば，「それ」＋「から」と指定して，「それから」を検索したり，さらには，品詞を組み合わせて，「代名詞」＋「助詞」と指定して該当するすべての用例（例：「私は」「彼が」「彼女の」など）を検索したりすることができる。

以下，実例を使って，3 つのタイプの検索方法を見ておこう。

10.2 活用形一括検索：「行く」の活用形を一括検索する

ここでは，全参加者が 2 種のロールプレイタスクで使用した「行く」の活用形すべてを一括検索してみることとしよう。

まず，検索画面の上部が「短単位検索」となっていることを確認する。次に，「キー」とある行の下部の「書字形出現形」と書かれているボックスの右端の▼をクリックし，表示される一覧の中から「語彙素」を選択する。すでに述べたように，語彙素とは，各種の活用形の祖型となる基本形のことを指す。さらに，右側のボックスに「行く」と入力する。

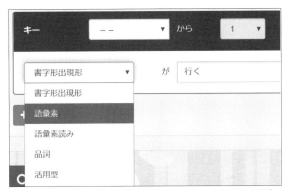

図 1　検索対象の指定（語彙素に「行く」を指定した例）

これにより，「《語彙素》が《行く》（である用例を検索する）」という指定が完了する。

次に，「言語環境・調査地およびタスク」内の表の右端の「ロールプレイ 1」と「ロールプレイ 2」という文字，あるいは左にあるボックスをクリックする（これですべての参加者による 2 種のロールプレイ発話が検索対象に設定された）。

以上の設定を済ませた後，「検索する」ボタンを押すと，381 件の用例が得られる。

なお，語彙素の入力にあたっては，「行く」のように原則として漢字 + 仮

名で指定しなければならない。もし仮に，語彙素の欄に「いく」と入れる
と，該当用例なしという結果になってしまう。

　語彙素の入力で難しいのは，「中納言」における語彙素の正しい形が利用
者にはなかなかわからないことである。たとえば，日本語でよく使われる副
詞の語彙素形を示してみよう。

表 1　一般表記と語彙素形（副詞の一例）

一般表記	語彙素
たまたま	偶々
やはり	矢張り
もし	若し
あくせく	齷齪
とても	迚も
ほのぼの	仄々

　語彙素形を知らずに，「たまたま」や「やはり」と入力すると，該当用例
なし，という結果になってしまう。

　この問題に対処するには 2 つの方法がある。1 つ目は「語彙素」ではな
く，「語彙素読み」で語彙素を指定する方法である。「語彙素読み」はカタカ
ナで入力するルールなので，たとえば，「イク」「タマタマ」「ヤハリ」…の
ようにすべてカタカナ入力すれば，検索結果を得ることができる。ただし，
この方法では他に同じ読み方を持つものがある場合，それらも検索されるた
め，注意が必要である。

　2 つ目は，先に文字列検索を行って，「中納言」における語彙素を確認す
る方法である。たとえば，語彙素の欄に「する」と入力すると，該当用例な
しとなるが，これは明らかにおかしい。そこで，文字列検索で「する」を検
索すると，KWIC 行の後文脈の右側に語彙素と語彙素読みが表示されるの
で，ここに表示された語彙素（この場合は「為る」）を再度語彙素検索の欄に入
力すればよい。

キー	後文脈	語彙素	語彙素読み
する	I、|つもり|、|つもり|です # あーあー「|あーあー「|、|そ う # はい # 週|二|回|に|し| て|くれ|たら|もっと|頑張る	為る	スル

図2 文字列検索の「する」の結果画面（一部）

　語彙素検索で注意すべき点は，入力した語形が間違っているので用例が検出されないだけなのに，当該用例がそもそもコーパスに出現していないと早合点してしまうことである。上で示したように，語彙素表記では，一般に漢字で書かないような語にも特殊な漢字が当てられていることが多いので，該当用例なし，という結果になった場合は，必ず，語彙素読み検索や文字列検索を行い，本当に用例がないのかどうか再確認するようにしたい。

10.3　品詞指定検索：接続助詞の「が」を検索する

　ここでは，接続助詞「が」を検索してみることとしよう。検索対象とするのは，前節同様，全参加者，2種のロールプレイタスクである。

　まず，検索画面の上部が「短単位検索」となっていることを確認する。次に，キーとある行の下部の「書字形出現形」と書かれているボックスの右端の▼をクリックし，表示される一覧の中から「語彙素」を選択し，「が」と指定する。もしここで「検索する」を押すと 9,135 例が得られるが，この中には，格助詞（例：「私が～」），接続助詞（例：「～しましたが…」），終助詞（例：「思うんですが。」）などが混在している。

　そこで，語彙素が「が」であると同時に，その品詞が接続助詞のものだけを指定することになるが，こうした場合は検索の「条件を追加する」という工夫が必要である。

　まず，語彙素＝「が」と入力し，その後，入力欄の右側にある「条件を追加する」という緑色のボタンを押す。これにより，条件指定行が1行追加されたはずである。そこで追加された行の「書字形出現形」の右端の▼を押し，「品詞」を選択する。すると，《「大分類」が「名詞」》というデフォルト

設定が出てくるので,「大分類」の右端の▼を押して「小分類」に変え,さらに,「名詞」の右端の▼を押して「助詞−接続助詞」を選ぶ。

図3　語彙素と品詞の同時指定

　次に,「言語環境・調査地およびタスク」内の表の右端の「ロールプレイ1」と「ロールプレイ2」という文字,あるいは左にあるボックスをクリックして指定し,「検索する」ボタンを押すと,1,545 件の用例が得られる。

　ちなみに,品詞の小分類で「助詞−格助詞」を選ぶと 7,565 例,「助詞−終助詞」を選ぶと 0 例となる。もっとも,品詞情報は形態素解析の自動処理による結果に基づくので,研究に使用する際には,必ず検索結果を目視でも確認し,誤解析や分析対象外となるデータが含まれていないか確認する必要がある。

10.4　共起検索：「〜している」形を検索する

　ここでは,「〜している」やその丁寧形である「〜しています」という形を一括で検索してみることとしよう。検索対象とするのは,前節同様,全参加者,2 種のロールプレイタスクである。

　「している」は,短単位では,「する」+「て」+「いる」の 3 つの部分に分割されるので,3 つの短単位が共起する連鎖の形で指定しなければ当該の形式を検索することができない。

　手順としては,まず,検索画面の上部が「短単位検索」となっていることを確認する。次に,キーとある行の下部の「書字形出現形」と書かれているボックスの右端の▼をクリックし,表示される一覧の中から「語彙素読み」を選択し,カタカナで「スル」と指定する。なお,ここで,語彙素ではなく,あえて語彙素読みを選んだのは,「中納言」の語彙素形の表記がしばしば特殊であることによる(10.2 節参照)。

　その後，「＋後方共起条件を追加する」を押すと，1行が追加されるので，その行（キーから1語（後方）となっている）で「語彙素読み」を選択し，カタカナで「テ」と指定する。

　さらに，「＋後方共起条件を追加する」を押すと，もう1行が追加されるので（キーから2語（後方）となっている），その行で「語彙素読み」を選択し，カタカナで「イル」と指定する。

　なお，このまま検索を行うと，検索結果をKWIC表示する際に，キーの列が「シ」だけになってしまうので，追加した2列とも，「キーと結合して表示する」のボックスにチェックを入れておく。これにより，《スル＋テ＋イル》の連鎖を指定し，かつ，「している／います」のかたまりで結果を表示する準備が整った。

図4　要素連鎖の指定

　次に，「言語環境・調査地およびタスク」内の表の右端の「ロールプレイ1」と「ロールプレイ2」という文字，あるいは左にあるボックスをクリックして指定し，「検索する」ボタンを押すと，308件の用例が得られ，その中には「している」も「しています」も同時に抽出できている。

<table>
<tr><th>前文脈</th><th>キー</th><th>後文脈</th></tr>
<tr><td>三|日|から|二|日|に|なる|ん|ですか|？#えーっと[F]|さい、きん[T]|は|あのー[F]|大学|最近|院|の|準備|を|</td><td>し|て|いる</td><td>|じゃん[X]|、|ちょっと|あの[F]|、|あの[F]|先生|から|も|もっと|勉強|し|て|ほしい|と|言わ|れ|て</td></tr>
<tr><td>、|私|は|、|あー[F]|、|いつ|も|、|え[F]|一|週間|に|〈うんうん〉|三|日間|〈はいはい〉|、|仕事|を|</td><td>し|て|い</td><td>|ます#あー[F]|そう|です|よ|ね#し|て|い|まし|た|〈はい〉|、|で|も|、|最近|、</td></tr>
</table>

図5 「スル」＋「テ」＋「イル」の検索結果（一部）

なお，今回は語彙素読みで指定を行ったが，語彙素で指定する場合は，「為る」＋「て」＋「居る」となる。ただし，「居る」には「いる」のほか「おる」の形も含まれるので，語彙素で検索した場合は「しております」も抽出され，用例数は少し増えて316例となる。

今回は後方に2行分を追加したが，「中納言」では，前後で合計10行まで行を追加することができ，様々なタイプの連鎖を抽出することができる。

10.5 詳細設定

以上で検索の概略について述べたが，このほか，検索対象とするデータ範囲や，結果の表示方法について詳細な設定を行うこともできる。

10.5.1 データ範囲の詳細設定

前述のように，「言語環境・調査地およびタスク」の表内のボックスをクリックすることで，特定の母語を持つ参加者の特定タスクでの産出に限定して検索を行うことができるわけだが，表の下部にある「その他の条件を指定する」ボタンをクリックすると，詳細設定画面が現れ，検索する範囲をさらに細かく指定することができる。

図 6　データ範囲の詳細設定 (一部)

　この画面で指定できるのは，母語・年齢・性別・身分 (学生・非学生)・日本在住期間・自国での職業経験 (有・無)・日本での職業経験 (有・無)・J-CAT の 5 種のスコア (4 技能別 + 合計点)，SPOT のスコア，音声データの長さ (分)，文字データの長さ (字数) の 11 種である。

　これらを組み合わせると，たとえば，母語が英語で，年齢が 10 歳から 20 歳の範囲で，女性で，学生の参加者だけを選んだり，あるいは，短い発話サンプルだけを選んだりして検索を行うこともできる。

10.5.2　結果表示方法の詳細設定

　上記に加え，検索結果の表示方法も細かく変更することができる。「言語環境・調査地およびタスク」の表の下に以下のような入力欄がある。

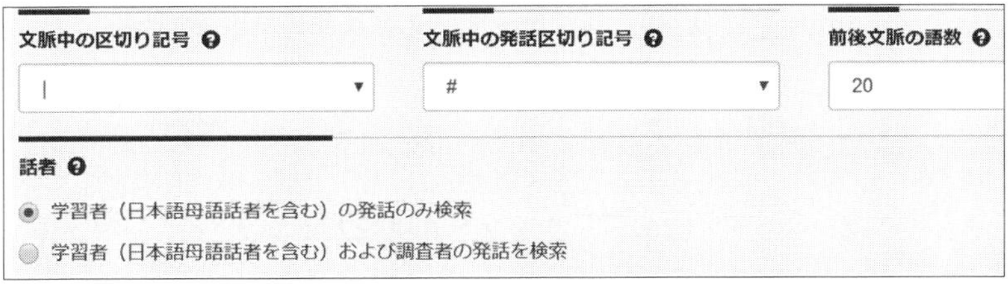

図 7　結果表示方法の詳細設定 (一部)

　短単位の切れ目を示す「文脈中の区切り記号」については，「｜」「／」「，」「なし」から選べる。また，話者の切り替えを示す「文脈中の発話区切

り記号」については、「#」「区切り記号と同じ」「；」から選べる。前後文脈の語数は任意の数字を入力することで表示する前後の文脈の長さ（短単位の数）を指定することもできる。

　また、直下の画面を見てみよう。

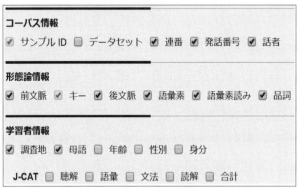

図8　検索結果に表示する内容の設定（一部）

　ここでは、結果表示画面に表示する情報を指定することができる。多くの情報を表示させると分析や解釈には有用だが、画面の視認性は低下する。

10.6　検索結果の保存

　検索した結果はまとめてダウンロードすることも可能である。「検索する」という青色のボタンの横にある「検索結果をダウンロードする」というボタンを押せば、検索した結果が CSV ファイルでダウンロードされる。

　CSV ファイルとは個々の値をカンマで区切った（Comma-Separated Values）ファイルのことである。テキストファイルではあるが、右クリックして、「ファイルから開く」＜ Excel を選べば、Excel 形式で開いて自由に加工することができる。Excel で編集した後は、CSV ではなく Excel のファイル形式（xlsx）に変更して保存しておくとよいだろう。

　ダウンロードした CSV ファイルには、検索した個々の用例について、下記の情報が掲載されている。

表 2　ダウンロードデータに含まれる情報

列	内容	列	内容
A	サンプル ID	R	語種
B	協力者	S	前文脈（発話通りの文字列）
C	タスク	T	キー（発話通りの文字列）
D	データセット	U	後文脈（発話通りの文字列）
E	連番	V	調査地
F	発話番号	W	母語
G	話者	X	年齢
H	前文脈（解析向けに加工した文字列）	Y	性別
I	キー（解析向けに加工した文字列）	Z	身分
J	後文脈（解析向けに加工した文字列）	AA	J-CAT（聴解）
K	語彙素	AB	J-CAT（語彙）
L	語彙素読み	AC	J-CAT（文法）
M	品詞	AD	J-CAT（読解）
N	活用型	AE	J-CAT（合計）
O	活用形	AF	SPOT（得点）
P	書字形	AG	反転前文脈
Q	発音形出現形		

　特筆すべきは，キー，前文脈，後文脈が 2 つずつ表示されていることである。H 列〜J 列は形態素解析用に加工された文字列が表示されており，S 列〜U 列には発話通りの文字列が表示されている。タグが付与された箇所の情報が異なるので，それぞれの研究に応じて，どちらを使用するか選択すると良い。

　また，AG 列には，反転前文脈が表示されている。反転前文脈とは，前文脈の最後の文字から順に並べ替えた文字列のことである。前文脈の最後の文字でソートをかけたい場合に利用できる。

10.7　短単位検索時の注意点

　以上，本章で見てきたように，「中納言」の短単位検索では，形態論情報を用いることができるため，文字列検索に比べ，はるかに複雑な検索を実行

することができる。

　しかし，形態論情報の正確性・適切性については最終的には利用者が各自の責任で確認する必要がある。I-JAS のプロジェクトでは，非規範的な表現を多く含む学習者の産出データをより適切に処理できるよう，独自のタグを開発し，書き起こしテキストに改変を加えることで，自動的な形態素解析の精度の向上を図り，さらに一部には人手による目視確認を加えたわけであるが，それでも，いくらかは誤解析が残っていると思われる。検索で得られた数値をそのまま使用するのではなく，用例に目を通し，自身で数値を再確認することが不可欠である。

10.8　まとめ

　本章では，「中納言」上で，I-JAS のデータに対して，短単位検索を行う方法について概説した。1節で短単位検索で可能になる3種の検索手法を紹介した後，2節では，語彙素（基本形）を指定することで，語彙素に紐づけされたすべての活用形を一括検索する方法について述べた。

　3節では，検索条件を追加することで，語彙素に加え，品詞を指定して検索を行う方法について述べた。

　4節では，検索行を追加することで，複数の要素の連鎖を検索する方法について述べた。

　さらに5節では，「中納言」上で利用できる詳細な検索設定（データ範囲指定・結果表示方法指定）について述べた。

　また，6節では，「中納言」で得られた検索結果を各自の研究に利用する際に重要になる検索結果の保存の方法について述べた。

　7節では，形態論情報（語彙素・読み）を利用した短単位検索が有益ではあるものの，形態素解析には誤解析の可能性もあることから，目視による用例の確認が不可欠であることを示した。

　「中納言」上で I-JAS を検索すると，具体的な用例に加え，個々の語句の頻度情報が得られる。これらの頻度情報はどの程度信頼できるもので，また，どのようにして研究に活用していけばよいのであろうか。次章では，この問題について考えたい。

第 11 章

計量研究の方法

11.1　はじめに

　第 9 章および第 10 章では，国立国語研究所コーパス検索アプリケーション「中納言」上で I-JAS のデータを検索する方法を具体的に示した。I-JAS の検索によって，我々は，様々な用例だけでなく，各種の頻度データを得ることができる。学習者コーパス研究では，質的な用例分析と計量的なデータ分析が車の両輪となる。本章では，このうち，後者に注目し，計量的な学習者コーパス研究の進め方について入門的な解説を行う。

　計量研究の実践に関して述べるべきことは多いが，ここでは，(1) 必要標本数の確認，(2) 有意性検定，(3) 多変量解析の 3 点に限って，その概要を示したい。また，計量研究をめぐる最近の学界の状況についても言及を行う。

11.2　必要標本数の確認

11.2.1　必要標本数とはなにか

　母語話者コーパスと異なり，学習者コーパスのサイズは総じて限定的である。ゆえに，学習者コーパスの研究者は，議論しようとする母集団に対して手元のデータがどの程度の代表性を持っているか確認しておく必要があるだろう。

　統計学では母集団に対して必要な標本数を決める公式が存在する。母集団の人数を N，想定する回答の枝分かれ率を p（通例 0.5），許容する誤差を ME（Margin of Error），必要とする信頼水準（Confidence Level：CL）に呼応する定数を k とすると，必要な最低標本数 n は以下の式で定義される（Ishikawa, 2017; 石川, 2019b）。

$$n = \frac{N}{\dfrac{N-1}{p(1-p)}\left(\dfrac{ME}{k}\right)^2 + 1}$$

図1　必要標本数を求める公式

ME と *CL* は分析者が設定する。通例，*ME* は±5%とすることが多い。この場合，標本（コーパス）内で単語 X の頻度が100回であったとすると，母集団での頻度は95〜105回の幅に入ることになる。仮に *ME* が±10%であれば，母集団における頻度は90〜110回となり，その幅はさらに広がる。

　また，*CL* は95%（この時 $k \fallingdotseq 1.96$）とすることが多い。これは，ランダムに1つの標本を選んだ場合，95%の確率で上記の *ME* の範囲に収まることを意味する。もし，*CL* が80%であれば，その確率は80%に下がる。

11.2.2　実例の検討

　さて，図1の公式は Excel でも計算できるが，自動で計算してくれるサイトも多数ある。たとえば，アメリカの調査会社である SurveyMonkey も簡便な計算サービスを提供している（www.surveymonkey.com/mp/sample-size-calculator）。Population size の箇所に想定する母集団の人数を，Confidence level に必要とする信頼水準を，Margin of error の箇所に許容する最大誤差範囲を記入すれば，下部に必要な標本数が自動で表示される。

　下記は *CL*=95%，*ME*=±5%で，1,000名の母集団に対する必要標本数を求めた場合の結果である。

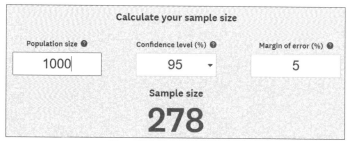

図2　標本数自動計算サイト

以下，具体的なデータに即して必要標本数の推定を行ってみよう。国際交流
基金（2019）によると，2018 年度の全世界の日本語学習者数は約 380 万人
で，学習者数が多いのは，中国（台湾含む）（117 万人），インドネシア（70 万
人），韓国（53 万人），オーストラリア（40 万人），タイ（18 万人）等である。こ
の時，*ME* と *CL* をいくつか変えて計算を行ってみると，それぞれの母集団
に対して，必要な標本数は以下のようになる。

表 1　国ごとの日本語学習者数を議論するのに必要な標本数

	ME= ± 5%		*ME*= ± 10%	
	CL= 95%	*CL*= 80%	*CL*= 95%	*CL*= 80%
中国	385	164	97	41
インドネシア	384	164	97	41
韓国	384	164	97	41
オーストラリア	384	164	97	41
タイ	384	164	96	41
全世界	385	164	97	41

　ME や *CL* は必要標本数に大きく影響するが，*N*（母集団の大きさ）はほとん
ど影響を及ぼさないため，上表に示す通り，*N* の大小に拘わらず，どの母集
団であっても必要な標本数はほぼ同一である。

　およそ 385 名の標本を揃えられれば，統計学で望ましいとされる *ME*= ±
5%，*CL*=95% の基準を満たすことができるわけだが，学習者コーパス研究
で 385 名のデータを集めるのは容易ではない。I-JAS は全体で 1,000 名の学
習者データを収集しているので，全世界の日本語学習者を母集団として議論
を行う場合にはこの基準が満たされている。

　一方，1 言語あたりの学習者数は，中国語母語話者で 200 名，英語と韓国
語母語話者で 100 名，その他は各 50 名であるため，学習者の母語別に議論
を行おうとするとこの基準は満たされない。

　では，I-JAS のデータを母語別に調査する場合，母集団に対してどの程度
の精度が確保されているのであろうか。仮に母集団が 10 万人で標本数が 50
名であったとすると，得られる精度はおよそ「*ME*= ± 10%，*CL*=85%」程度
となる。つまり，単語 X の頻度が 30 回だったとすると，「本来の頻度は 27

〜 33 回の幅があり，かつ，100 名のサンプルがあれば 15 名はこの範囲から外れる」ということになる。

　I-JAS は他の学習者コーパスと比べて，とくに大量のデータを集めているが，それでも，母語別の議論（さらには母語ごとに習熟度レベルを区分した議論）を行う場合には，相応の誤差が含まれていることを念頭に置いて解釈を行う必要があると言えるだろう。

11.3　差の有意性の検定
11.3.1　有意性検定とはなにか

　いかに多く標本を集めたとしても，標本は母集団と同じものではありえず，標本から母集団のありようを推測するには一定の誤差の可能性が残る。このとき，2 つの項目や 2 つの群を比較する上で，誤差の可能性を織り込んで，両者に真に意味のある差が存在するかどうかを確認するのが有意性検定と呼ばれる手続きである。

11.3.2　比較する対象

　A コーパスと B コーパスにおいて，単語 X の頻度を比較する場合を考えてみよう。このとき，有意性検定では，A コーパスにおける X 頻度とそれ以外のすべての語の総頻度の比率と，B コーパスにおける X 頻度とそれ以外のすべての語の総頻度の比率を比較することになる。

　たとえば，日本語母語話者のコーパス（JPN）と中国語母語の日本語学習者のコーパス（CHN）があり，サイズがそれぞれ 100 語で，X 頻度が JPN コーパスでは 7 回，CHN コーパスでは 12 回だったとする。この時，検定では，JPN コーパスにおける「7 回 vs それ以外の 93 回」と，CHN コーパスにおける「12 回 vs それ以外の 88 回」という比率を比較するわけである。単独の値ではなく，複数の値の比率を比較するという意味で，有意性検定は比率の検定である。

11.3.3　有意性検定のロジック

　有意性検定では，「差がある」ことを証明したいわけであるが，本当は差がないのに，誤って「差がある」と言ってしまうことを避けるため，言おう

とすることの逆，つまり，「差がない」という仮説を先に立てて，これが正しいかどうかを検定する。こうした論証の進め方を背理法と呼ぶ。

　そして，2コーパス間に差がない場合に予想される統計量と，手元のデータから得られた実際の統計量がどのぐらい離れているかを比較する。仮に両者に著しく大きな違いがあれば，最初に立てた「差がない」という仮説は不合理であったことになり，その仮説を棄却しても誤った判断となる危険性は低い。ゆえに，仮説を棄却し，その逆，つまり，「差はある」という結論を出すのである。なお，最初に立てた「差がない」という仮説は，うまくいけば棄却されて無に帰すことになるので，これを帰無仮説と呼ぶ。有意性検定は，帰無仮説の妥当性を確認するという意味で，仮説検定の一種である。

　さて，帰無仮説を捨ててよいかどうかの最終判断は，どこまで厳密な判断を要求するか，言い換えれば，誤って「差がある」と言ってしまう危険性（危険率 p）をどこまで厳しく抑制するかによって変わってくる。そこで，有意性検定では，分析者が，自分の研究で許容しうる危険率の最大値（有意水準 a）をあらかじめ決めておく。有意水準は，一般に，5％，1％，0.1％のいずれかで，それぞれ対応する統計量の基準値が決められているので，基準値とデータから得られた統計量を比較することにより，当該の有意水準で帰無仮説を棄却できるかどうかがわかる。

11.3.4　使用する統計量

　有意性検定に使用できる統計量には様々なものがあるが，古くから使われているのがカイ二乗統計量を用いた有意性検定である。これを俗に「カイ二乗検定（chi-squared test）」と呼ぶ。

　カイ二乗統計量とは，標本から得られた実際の値（実測値）と，仮に2つのデータ間に差がなかったとすると得られたであろう値（期待値）の差を求め，それを加工して得られた値のことを言う。上記の例で言えば，もし，JPN コーパスと CHN コーパスにおける X 頻度の出現状況に差がないと考えれば，両コーパスにおける X 頻度はともに 9.5 回であったと考えられる（(7+12)/2）。これが期待値にあたる。

　なお，カイ二乗統計量を用いる際（とくに期待値が 5 未満になる場合）には，離散的なデータと連続的なモデルをよりよくフィットさせ，より厳格な判定

を行えるようにするため，イェイツ補正 (Yates' correlation) と呼ばれる修正を行うことがコーパス研究では一般的である。

11.3.5　実例の検討

　さて，カイ二乗統計量の計算はExcelでも可能だが (石川, 2008)，オンラインサイトを使用するのが便利である。たとえば，ランカスター大学が提供するUCREL Significance Test System (corpora.lancs.ac.uk/sigtest) では，あらかじめ，2×2の分割表 (図3) が用意されている。これはコーパスごとに単語頻度をまとめた分割表 (図4) と同じものだと考えればよい。

FIRST VARIABLE	SECOND VARIABLE Value 1	Value 2
Value 1		
Value 2		

図3　入力画面

	X	X以外
JPN		
CHN		

図4　対応する分割表

　ここで，First Variableはコーパスを指す。上で示した用例で言えば，たとえば，Value 1はJPNコーパス，Value 2はCHNコーパスだと考えればよい。また，Second Variableは単語の情報を指す。Value 1が単語Xの頻度だとすると，Value 2はそれ以外のすべての語の総頻度ということになる。

　今回の例で言うと，JPNとCHNのコーパスサイズがそれぞれ全100語で，調査しようとする単語Xの頻度がJPNでは7回，CHNでは12回であったわけなので，以下のように入力すればよい。

FIRST VARIABLE	SECOND VARIABLE Value 1	Value 2
Value 1	7	93
Value 2	12	88

図5　データの入力

　その後，表の下にある「Click here to test for significance」というボタンを押すと，画面の下部に結果が表示される。

　このサイトでは，様々な統計量を用いた計算結果が表示されるが，ここでは，一番上にあるカイ二乗検定（chi-squared test）の結果に注目する。

Chi-squared test:

・Chi-squared = 0.93

・p-value = 0.3347322

図 6　結果の表示

　最後の行に示される危険率（p 値）は約 0.33，つまりは「差はない」という帰無仮説を棄却すると 33％の確率で誤りとなってしまうことを意味する。ゆえに，この場合は帰無仮説を棄却できず「差はない」という結論になる。なお，このサイトではとくに指定せずとも，イェイツ補正後の結果が表示されている。

　日本語論文であれば以下のように報告すればよい（小数点以下は適宜丸めている）。

日本語母語話者コーパスと中国語母語話者コーパスにおける単語 X の頻度について，カイ二乗統計量を用いた有意性検定（イェイツ補正あり）を実施したところ，有意水準 $\alpha = 5\%$ で差は有意ではなかった（$X^2(1) = 0.93, p = .335$）。

図 7　結果の報告方法

　なお，統計量を報告する場合には，「X^2（自由度）= カイ二乗統計量, p = 危険率」の順で記載する。自由度は比較するデータ数 − 1 となるので，2 群のデータを比較する場合の自由度は 1 である。危険率（p 値）については，かつては $p < .05$，$p < .01$ 等の記載が一般的であったが，最近では計算で得られた数字を直接記載することが推奨されている。

　100 語のコーパスで頻度が 7 と 12 であれば，2 倍近い差があるので，直観的に差はありそうに思えるが，検定の手続きを行うと「差はない」という結論になる。では，この場合，どのぐらい値が離れていると「差がある」ことになるのであろうか。以下は，JPN コーパス頻度の 7 を固定したまま，

CHN コーパス側の頻度を変化させたときの結果である。

表 2　コーパス間の差の有意性（α =5%）

JPN	CHN	検定結果
7	12	差は有意でない　$X^2 (1) = 0.93$, $p = .335$
7	14	差は有意でない　$X^2 (1) = 1.92$, $p = .166$
7	16	差は有意でない　$X^2 (1) = 3.14$, $p = .076$
7	18	差は有意である　$X^2 (1) = 4.57$, $p = .033$
7	20	差は有意である　$X^2 (1) = 6.17$, $p = .013$
7	22	差は有意である　$X^2 (1) = 7.90$, $p = .005$

この場合で言うと，12 のみならず 14 でも 16 でも「差がある」という結果にはならない。有意性検定の手続きをふむことで，本来は差がないものを誤って差があるとして結論してしまう危険を回避することができるのである。

　さて，以上でカイ二乗統計量を用いた有意性検定の概要を見てきたが，すでに述べたように，こうした検定において使用できる統計量はカイ二乗統計量だけではない。最近では，カイ二乗統計量の問題点を指摘し，他の統計量の使用を推奨する見解も出されている。

　カイ二乗統計量に内包される問題の 1 点目は，比較しようとする 2 種のコーパスサイズに大きな差がある場合（たとえば 1 万語のコーパスと 1 億語のコーパスを比較する場合等），検定結果の信頼性が失われるということである。この点に関しては，コーパスの総語数をあらかじめ対数化し，両コーパスのサイズ差を圧縮して比較できるよう，対数尤度比統計量 (log-likelihood ratio：LL) の使用が推奨されている。コーパス研究では，とくに，2 コーパスを比較して片方でのみ有意に過剰・過少使用されている特徴語を検出する際，対数尤度比統計量の使用が一般化している（14.3.3.3 節参照）。

　問題の 2 点目は，頻度がきわめて小さい場合（期待値が 5 未満のセルが全体の 2 割を超える場合），カイ二乗統計量は使用できないということである。これをコクランルール (Cochran's rule) と呼ぶ。この場合は，同種の制約なしに使用できる Fisher の正確確率を用いた検定 (Fisher's exact test) の使用が推奨されている。また，Fisher の正確確率検定は，すべての場合に適用可能なので，最近ではコクランルールに抵触する場合に限らず，はじめから，すべて

Fisher の正確確率検定を行うべきだという考え方も一部で広がっている。

　上述のランカスター大学のサイトでは，統計学界およびコーパス言語学界におけるこうした最近の議論の流れをふまえ，カイ二乗統計量に加え，対数尤度比統計量と正確確率を使った計算結果も一覧表示されるようになっている。

Log-likelihood test:

・Log-likelihood = 1.47

・p-value = 0.2254163

Fisher exact test:

・p-value = 0.3349993

図8　上記の例題に関するその他の統計量を用いた検定結果

　危険率 (p) に注目すると，前述のカイ二乗検定の場合は 33.47％，対数尤度比検定の場合は 22.54％，Fisher の正確確率検定の場合は 33.50％となり，選択する検定手法によって危険率が変わることに気付く。

　研究者は，自分が使いたい統計量の値を選ぶことができるが，複数の統計量を混ぜて使うことは好ましくないので，何らかの根拠に基づいて使う統計量を決めれば，1 つの研究の中ではその統計量を使った検定で首尾一貫すべきであろう。

11.4　多変量解析
11.4.1　多変量解析とはなにか

　「差がある」かどうかを確認する有意性検定はあらかじめ用意された帰無仮説の妥当性を確認する検証手法であったが，統計には，データを多角的に観察するための探索的な手法も存在する。

　多変量解析とは，調査する個々のケース（検体）について，複数の観点を設定して多元的・多変量的なデータを収集し，それらの次元を圧縮して整理・分類することで，各種の標本間，また，標本と変数の関係性を探索的に考察するための手法である。

　本節では，I-JAS の中国語母語の日本語学習者の日本語習熟度データ（J-CAT の 4 種のサブスコア）を例として考えてみたい。下記のような表を作成

した場合，一般に，行方向のデータ（学習者 CCM01 〜 05）をケースと呼び，ケースを分類する観点となる列方向のデータ（4 種のサブスコア）を変数または変量と呼ぶ。なお，多変量解析では，通例，もっと大量のデータを対象とするが，ここでは，説明のため，あえて小規模なデータを示す。

表3　中国語母語話者5名の日本語習熟度データの一部

学習者	聴解	語彙	文法	読解
CCM01	83	75	59	82
CCM02	58	62	56	42
CCM03	72	72	64	43
CCM04	72	79	63	53
CCM05	72	62	79	46

　たとえば，語彙スコアを変数として選び，これを基準として学習者を分類しようとする場合，線分図を書いて，スコアの低い者から高い者へと5名を並べ替えればよい。また，語彙スコアと文法スコアの2つを変数として選び，両者を基準として学習者を分類しようとする場合は，いずれかを X 軸，他方を Y 軸としてグラフを書き，全員をそれぞれの位置に配列すればよい。

　では，J-CAT の4種のサブスコアのすべてに目配りをして学習者を分類するにはどうすればよいのだろうか。分類のためにグラフを書こうとしても，そもそも4次元のグラフを書くことはできない。

　このとき使用するのが多変量解析という手法である。これにより，4種のサブスコア（つまり4つの変数）から，それらの情報を圧縮した1つないし2つの新しい変数を作り出し，それらを軸として一次元または二次元でデータの分類を行うことができる。多変量解析とは，多変量データの次元を圧縮するための統計的な処理手段である。

　多変量解析には，様々な手法が存在するが，コーパス言語学でよく使用されるのはクラスター分析と対応分析である。次節では，水本篤氏が開発したウェブ上の統計サイト langtest を使用して上記のデータを分析してみたい。（各統計手法の詳細については石川・前田・山崎, 2010 を参照）。

11.4.2　クラスター分析

　クラスター分析では多変量を1変量に圧縮した上で，個々のケース（また
は変数）の関係性を樹形図と呼ばれる特殊なグラフで示す。

　langtest のクラスター分析実行画面（langtest.jp/shiny/cluster/）には，すでに
サンプルデータが入っているので，これを手作業で削除し，本節表3の
データを入力する（ワードや Excel で先に表を作っておけばコピー＆ペーストする
だけでよい）。「The first column contains case names」（1列目はケースのラベル
である，の意）にはチェックを入れたままにしておく。画面の都合上，1行目
と2行目以降が揃っていないように見えるが問題はない。

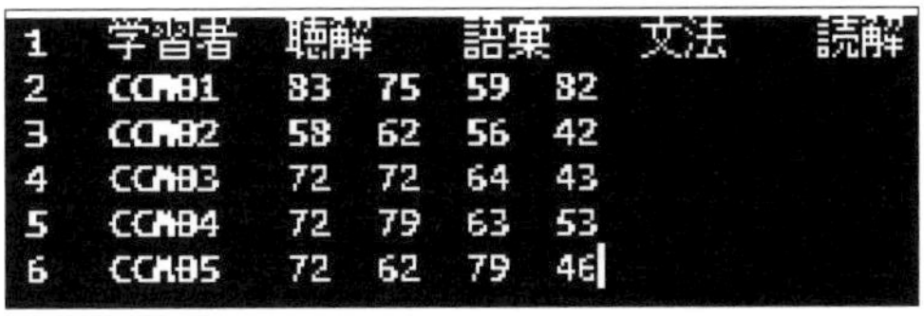

図9　langtest のデータ入力画面

　上記の内容を入力し終えると，分析結果が画面下部にまとめて表示され
る。1つ目に記載されるのは基本統計量（Basic statistics）で，変数ごとの平均
や標準偏差等がわかる。

　2つ目は変数間相関（Correlation）で，変数間の相関の強さを相関係数 r で
示す。r は2つの変数が完全に相関していれば1，完全に無相関であれば0，
負の相関（一方が増えると他方が減る）であればマイナスの値がつく。今回の
データだと聴解と読解のスコアの相関が高いことや（$r= 0.80$），語彙と文法
（$r= -0.33$），読解と文法（$r= -0.27$）のスコアの間に逆相関が出ていること等が
わかる。

　3つ目は散布図（scatter plot matrices）で，これは個々の散布図や相関係数等
を一括でまとめた結果である。

　4つ目以降にクラスター分析の結果がまとめて表示されている。最初の
ボックスには分析の手法の詳細が記載されている。クラスター分析では，
データの類似度を距離で測定するが，距離の測定には様々な方法がある。こ
こでは一次距離計算にユークリッド距離（euclidean）が，融合後の距離計算に

はウォード法 (ward) が使われていることがわかる。

　その下に樹形図が表示される。この樹形図ではグラフの下から上に向かい，性質の近いデータから順に融合していく過程が示されている（横向きのグラフの場合は左から右へ融合）。上記で言えば，5 名の学習者のうち，4 つのサブスコアの分布状況という点で最も似通っていたのは 3 番と 4 番であった。ゆえに，5 名の中で，はじめに 3 番と 4 番が融合し，次に「3 番と 4 番の融合クラスター」と 1 番が，続いて 2 番と 5 番が，最後に「3 番・4 番・1 番の融合クラスター」と「2 番・5 番の融合クラスター」が融合してすべてのデータが 1 つの大きなクラスターに糾合される。

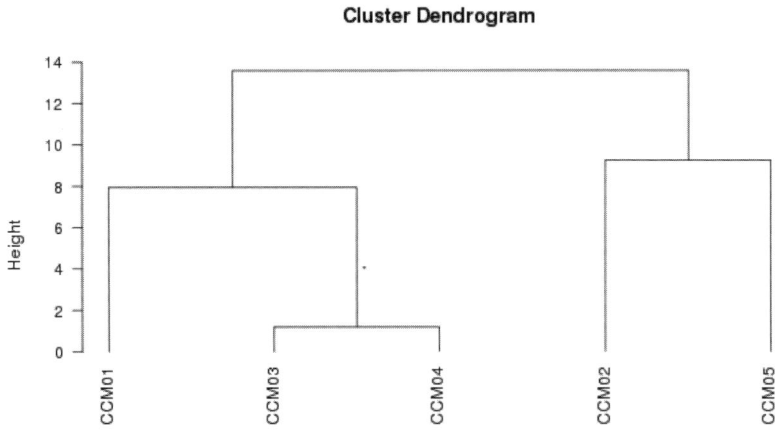

Cluster Dendrogram

図 10　クラスター分析の結果画面

　樹形図の解釈では，新たな融合が起こらず，現在の状態が最も長く維持されている箇所（定常状態と呼ぶ）で全体を分類するのが一般的である。今回で言えば，目盛りの 1.5 〜 8 の間に最も長い定常状態があることから，ここを分割基準（カッティングポイントと呼ぶ）として，全体を 4 群に分けることが妥当だと判断される。

　そこで，クラスター分割数指定 (Specifying the number of clusters) に 4 という数字を手作業で入力する。すると樹形図に赤線で区分を示した図が表示され，4 分割されたグループごとの平均値とそれを示すグラフが表示される。

今回で言うと，4 グループは以下のような能力特性を持っていたことになる。

表 4　グループ別のサブスコアの概況

グループ	CCM	サブスコア
1	1	聴解（83）≒読解（82）＞語彙（75）＞文法（59）
2	3, 4	語彙（62）＞聴解（58）≒文法（56）＞読解（42）
3	2	語彙（76）≒聴解（72）＞文法（64）＞読解（48）
4	5	文法（79）＞聴解（72）＞語彙（62）＞読解（46）

　グループ 1 は聴解が得意な群，グループ 4 は文法が得意な群，グループ 2 とグループ 3 はともに語彙が得意な群だが，全般的習熟度はグループ 3 のほうが上であることがわかる。

　I-JAS で習熟度別の分析を行う場合は，J-CAT の合計スコアか SPOT のスコアのいずれかを選んで学習者を分類することが一般的だが，多変量解析の手法を使えば，総合的な日本語の能力だけでなく，能力の特性を加味した学習者分類が可能になり，習熟度・能力特性・産出の関係をより詳細に研究することができる。

11.4.3　対応分析

　クラスター分析は，シンプルな樹形図にデータをまとめるという意味で有用なものであるが，樹形図だけでは変数側の情報がわからないので，図だけで学習者グループの特徴を検討することは容易ではない。そこで，今度は，まったく同じデータに対して，対応分析（langtest.jp/shiny/corresp/）を行ってみよう。langtest 上の操作は 11.3.2 節と同様である。

　対応分析では，変量の数マイナス 1 の次元が取り出せるが（今回は 4-1=3），通例，寄与率（その変量で元のデータの分散のどれだけの部分を説明しているかを示す百分率）の上位 2 種を使ってグラフを作成する。langtest では，結果画面の「固有値（Eigen.values）・寄与率（Contribution）表」の中に寄与率が記載されており，今回のデータでは，次元 1：79.6％，次元 2：18.8％，次元 3：1.6％であった。

　そこで，次元 1 を横軸，次元 2 を縦軸として散布図を作成する。このと

き，4変数の分散の98.4％がこの散布図に集約されていることになる。
langtest では，行側データ（学生）だけの散布図，列側データ（サブスコア）だ
けの散布図，両方を同時に布置した散布図（biplot）の3つの図が出力される
が，ここでは，3つ目に注目しよう。

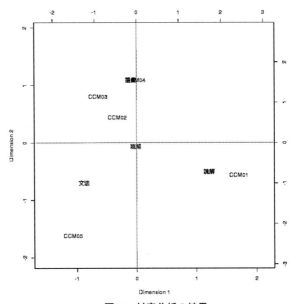

図11　対応分析の結果

　対応分析に基づく散布図の解釈では，まず，第1軸（横軸）に基づいて左
側と右側にデータが二分され，次いで，第2軸（縦軸）に基づいて上部と下
部に二分されると考える。また，散布図で近傍位置にあるデータは相互に性
質が近いと判断する。

　つまり，5名の学習者は1番（右側）と，4番（中央）と，2, 3, 5番（左側）の
3群に大別され，2, 3, 5番はさらに2, 3番（上側）と5番（下側）に分かれるこ
とがわかる。加えて，1番は読解力，4番は語彙力，5番は（相対的に言えば）
文法力で特徴づけられることや，4技能の中で，図の原点付近に布置された
聴解力が（今回の5名に限って言えば）最も中立的であったことも示される。

　対応分析を用いれば，クラスター分析の場合と同様，学習者の全般的な日本語能力や技能別の能力特性を加味して学習者を分類し，L2 産出との関係を探ることが可能になる。

　以上で 2 種類の多変量解析手法を概観してきたが，これらを用いた分類の観点はテストスコアに限らない。たとえば，高頻度語，助詞，副詞等，何らかのまとまりを持った語群を対象にクラスター分析や対応分析を行えば，個々の学習者と特徴的に使用される語群をグループ化でき，新しい発見に至ることも可能であろう。

　計量的なコーパス研究では，有意性検定のような検証的手続きと，多変量解析のような探索的手続きが車の両輪となるわけだが，次節で示すように，統計的な検証については，近年，統計そのものに内包する問題や，統計への安易な依存が問題視されるようになっている。これに対し，多変量解析は，統計が最終的な判断を下すものではなく，むしろ，データを別の形に加工することで，自由な考察や解釈のヒントを研究者に与えるものである。この意味において，学習者コーパス研究においても多変量解析の手法は今後より広まっていくものと予想される。

11.5　計量的コーパス研究の今後

　以上で，必要標本数の推定，差の有意性の検証，多変量解析，の 3 つの点を取り上げ，計量的なコーパス研究の概要を示してきた。計量的データは，研究者の主観や直観をサポートする有効な道具であり，学習者コーパス研究の世界においても，各種の計量研究は，今後，ますます盛んになっていくと思われる。しかし，統計学は日進月歩の分野であり，現在の標準手法とされているものが将来においてもそうあり続けることの保証はない。

　とくに，11.3 節で概説した有意性検定については，そのやり方や妥当性をめぐって，現在，様々な議論が巻き起こっている。ここでは，(1) どの統計量を使うべきか，(2) 危険率を見るだけでよいか，(3) 検定を反復してもよいか，(4) そもそも検定はいるのか，という 4 つの論点についてまとめておきたい。

11.5.1　どの統計量を使うべきか？

上記で述べたように，最近では，カイ二乗統計量に代えて，対数尤度比統計量や Fisher の正確確率を用いた検定が推奨されているわけだが，完全にそれらに置き換わっているというわけではない。これには様々な理由が想定されるが，最も重要な点は研究の受容性と継続性であろう。

受容性とは，自分の研究が読み手に正しく理解されることを言う。このためには，自分の研究で使用した手法が，想定される読者の（ほぼ）全員によって熟知されていることが必要である。この点において，各種の新しい統計量は，長く研究で使用されてきたカイ二乗統計量と同等の認知度には必ずしも至っていない。

また，継続性とは，新しい研究が過去の研究を引き継ぐことを言う。これは研究の中身だけでなく，そのやり方についても当てはまる。実際，カイ二乗統計量を用いて有意性判定を行った過去の膨大な研究の蓄積がある。これを断絶させ，新しい統計値に乗り換えることに不安を持つ研究者は少なくない。

こうした事情から，カイ二乗統計量については，その問題点が指摘されながらも，今なお広く使用され続けているというのが実情である。11.3.5 節で紹介したランカスター大学のサイトで，カイ二乗統計量・対数尤度比統計量・正確確率検定の結果がまさしくこの順で併記されているのもこのことと無縁ではないだろう。

11.5.2　危険率を見るだけでよいのか？

どの統計量を使うかという問題に加えて考慮すべきは，危険率（p 値）やそれに基づく有意性判断そのものの信頼性である。

というのも，有意性検定では，計算で得られた危険率（p 値）が事前に決めた有意水準（α）より小さいか否かを根拠として差の有意性を判定するわけだが，統計学的に「差がある」としても，その差に実質的な意味がほとんどない可能性も存在するからである（逆に，統計学的に「差がない」としても，その差が実質的な意味を持つこともありうる）（水本・竹内，2008）。

ここで注意したいのは，危険率は標本サイズ，つまり，コーパスの総語数によって大きく影響されるという事実である。たとえば，11.3.5 節では，それぞれ 100 語のコーパスで単語 X の頻度が 7 と 12 の場合を検定して

「差がない」という結論を得た (危険率 p= .33)。では，単純にすべてを 10 倍し，それぞれ 1000 語のコーパスで X 頻度が 70 と 120 であったとしたらどうであろうか。実は，この場合，危険率は p =.00019 となって「差は有意」という結論になるのである。つまり，コーパスサイズの差を無視して，危険率が小さいから差が大きいとか，危険率が大きいから差が小さいといった議論は根拠がないことになる。

このため，最近では，差が有意かどうかのみを報告するのではなく，実質的な差の大きさを示す「効果量」(effect size) という値をあわせて報告することが推奨されている。効果量は標本サイズに影響されない値なので，異なるサイズのコーパスを用いた研究間で結果を比較することもできる。

効果量には，Cramér's V やオッズ比 (Odds ratio) 等，いくつかの統計量が用いられる。前述のランカスター大学のサイトでは，3 種の統計量 (カイ二乗統計量・対数尤度比・Fisher の正確確率) を用いた検定結果に加え，4 種の効果量が一覧で出力されるので適宜利用するとよいだろう。

11.5.3　検定を反復してよいのか？

どの統計量を使うべきかという問いと，危険率を見るだけでよいのか，という問いについては，一応の対処方針があるわけだが，より悩ましいのは，統計を繰り返すことをどう見るかという問題である。

たとえば，I-JAS において，中国語母語話者，韓国語母語話者，英語母語話者が，それぞれ，日本語母語話者より X という語を統計的に有意に多用しているかどうかを確認しようとする。このとき，母語話者 vs 中国語母語話者，母語話者 vs 韓国語母語話者，母語話者 vs 英語母語話者と，有意性検定を 3 回繰り返すことになる。

過去の研究において，また，現在の研究でもこうしたことはごく一般的に行われているが，最近になって，こうした処理には根源的な問題があるのではないかという批判がなされるようになった。というのも，1 つの検定で有意水準 (α) を 5 % と決めた場合，1 回の有意性判断を行うごとに 5 % (未満) の誤差があることを容認していることになるが，これを 3 回繰り返した場合，論文全体として見れば 14.3 % (1 − 0.05^3) 誤差を許容しているように見えるからである。

この点については，あらかじめ，有意水準を検定の反復回数で割っておく（つまり，検定を 3 回繰り返すなら，α を 5％でなく，5/3=1.66...％として判断する）という措置を取ることがある。こうした補正をボンフェローニ補正と呼ぶ。

ボンフェローニ補正はこの問題への解答になるように思えるが，話はそれほど単純ではない。I-JAS には 12 種の母語を持つ海外学習者のデータが含まれているわけだが，たとえば，助詞の「は」「が」「の」「を」「に」の各々について，各学習者グループと母語話者の間に頻度の差があるかどうかを検定した場合を考えてみよう。このとき，1 つの学習者グループについて 5 回，それを 12 のグループに対して同じように繰り返すことになるので，論文全体で見れば，検定を 60 回反復実施したことになる。1 回検定するごとに 5％の誤差を容認したのだとすると，60 回繰り返すと 100％に近い誤差を許容したことになってしまう。かといって，ボンフェローニ補正を実施して，5％を 60 で割り，有意水準を 0.08％に設定すれば，ほとんどのデータで「差はない」という結論になってしまうだろう。そもそも，たくさん調べれば調べるほど「差がない」という結果になるのはどう考えても非合理的である。

つまり，この問題を突き詰めて考えていくと，検定はできるだけしないほうがよい，という奇妙な結論にならざるを得ない。しかし，本来検定すべきものを統計的な都合だけであえて検定しないようにすることが正しいことであるとも思えない。こうした事情もあって，ボンフェローニ補正のような便宜的処理を行うべきかどうかについては，少なくとも現時点では，意見の一致を見ていないのが実情である。

11.5.4　そもそも検定はいるのか？

以上，3 つの論点を概観する中で，有意性検定には様々な問題があることがわかった。とくに，最近，懸念されているのは，特定の条件で得られた危険率が 5％を下回っているということだけで安易に「差がある」という結論を導き出して，それに即した議論を組み立てているのではないかということである。

こうした論点をふまえ，従来の有意性検定やその実施方法に異議を唱える動きも認められる。たとえば，アメリカの社会学分野の有力ジャーナルである *Basic and Applied Social Psychology* は，使用する統計手法を変えたりサン

プル数を多くとったりすることで，危険率を操作して恣意的に「有意」を作り出すことができる（これを俗に "*p*-hacking" と呼ぶ）状況に警鐘を鳴らし，同誌に投稿する著者が有意性検定を行うことや，その結果を論文に記載することを明示的に「禁止」するという思い切った措置を取った (Trafimow & Marks, 2015；Kulkami, 2015)。また，Benjamin et al. (2017) はそもそも有意水準5%が緩すぎるとして，0.5%を新たな上限にすべきだと主張している。

　言語研究の世界に目を向けると，11.5.2節で述べた効果量の報告義務は多くの研究誌が要求するようになっているが，有意性検定における有意水準の上限を5%より引き下げるべきであるとか，有意性検定そのものを廃止すべきであるとかいった主張は本稿執筆時点では主流になっていない。

　今後，言語研究の世界で各種の検定や統計手法の使用に対する方針がどのようになっていくかは，残念ながら，現時点では不透明であると言わざるを得ない。実務面で言えば，探索的アプローチの一環をなす多変量解析手法の使用については問題が少ないが，検証的アプローチの一環をなす有意性検定の実施の是非はしばしば悩ましい判断となりうる。研究テーマ上，様々な比較を行うことから逃れられない学習者コーパスの研究者としては，まず，自身の研究が探索的なものであるのか，特定の習得仮説の証明ないし反証を目指した検証的なものであるのかを明確にした上で，後者の場合は，先行研究で標準的に用いられてきた有意性検定を実施しておくというのが，便宜的ではあるがひとまずは安全な立場ということになろう。

11.6　まとめ

　本章では，I-JASを初めとする学習者コーパスの検索で得られた頻度データを根拠とする計量研究の方法について概説を行った。1節で概要を示した後，2節では，必要標本数を求める統計的な考え方を示し，I-JASのような大規模学習者コーパスであっても，母集団に対する代表性という点では制約があることを述べた。

　3節では，頻度の差が有意であるかどうかを確認する手段として，いわゆるカイ二乗検定の考え方や方法について述べた。また，カイ二乗統計量以外の統計量についても述べた。

　4節では，個々のサンプルについて多角的にデータを集め，集めたデータ

の次元を圧縮した上で分類を行う多変量解析手法として，クラスター分析と
対応分析を紹介した。

　5 節では，計量的観点からの学習者コーパス研究の実践に関して，統計量
の選択・効果量・検定反復・検定の制約（*p*-hacking）という 4 つの問題を取
り上げ，現在の学界の状況と今後の指針について述べた。

　計量研究はコーパス研究の重要な手段であるが，計量研究だけでは見落と
してしまう点も多い。量的研究と質的研究をうまく組み合わせることが学習
者コーパス研究の鉄則と言えよう。続く第 4 部では，この点をふまえつつ，
実際的な研究の進め方について解説を行うこととしたい。

第4部　I-JAS の分析

　本書第1部では I-JAS の構築過程を示し，第2部では収集されたデータを計量的に概観し，第3部では I-JAS の使用方法について述べた。第4部では，これまでの議論をふまえ，I-JAS データを用いた簡単な研究の一例を示したい。第4部には5つの章が含まれるが，第12章と第13章では，作文データをマクロ的に分析し，その全体特徴を議論する。一方，第14章と第15章では発話の書き起こしデータを用い，個別的な調査対象を設定した上で，ミクロ的に問題を検討する。第16章では本書全体の総括と今後の展望を示す。

　まず，第12章では，jReadability というオンラインシステムを用いてストーリーライティングの作文データを分析し，語数・漢字等使用率・文長等を議論する。

　第13章では，同じく jReadability を使用してストーリーライティングの作文データを分析し，語彙レベルとリーダビリティを議論する。

　第14章では，対話タスクのデータを用い，語彙の中でも，とくに副詞に対象を絞って，その使用状況を概観する。

　続いて，第15章では，同じく対話タスクのデータを用い，語法・文法の中で，とくに，丁寧体否定文の使い分け（ないです／ません）の問題を取り上げて検討する。

　最後に，第16章では，関連する研究分野（日本語教育・第二言語習得研究，縦断研究，計量言語学研究，世界の学習者コーパス研究）から見た I-JAS への期待について述べる。

第 12 章

作文における産出量と語彙特徴

12.1 はじめに

　多くのコーパス分析では，何らかの検索システムに対して，キーワードを入れて，データを得るという方法が用いられている。これは，コーパスの部分に対するアプローチであり，コーパスをミクロ的に分析していることになる。

　これとは別にコーパスデータの全体を丸ごと分析するという方法がある。これはコーパスに含まれるテキストデータを何らかの解析システムで解析し，数値データを得る方法であり，コーパスを言わばマクロ的に分析していることになる。

　前者の方法を部分検索型と呼ぶなら，後者の方法は全文解析型の研究と呼ぶことができる。

表 I　部分検索型と全文解析型

部分検索型が有効な場合	全文解析型が有効な場合
• 調査のターゲットが明示的に決まっている場合 • 何らかの仮説を持っている場合 • 特定の語句の使い方を細かく調査したい場合	• 調査のターゲットは必ずしも明示的でなく，データを解析しながら事実を発見したい場合 • コーパス全体の傾向を把握したい場合

　部分検索型は，いわゆる仮説検証的研究や課題解決的研究において有効と言える。一方の全文解析型の研究は，データから仮説を発見していくタイプ

の研究で，いわゆるデータ駆動的研究において有効と言える。

　部分検索型の場合，コーパス開発者が用意したプログラムを使ってデータにアクセスするため，比較的に低コストと短期間で調査が行える。それに対して，全文解析型の場合，コーパスの全文データを入手し，解析環境を作る必要があるため，高コストと作業時間が長くかかる。しかし，より独創的な分析を行うためには，独自に構築した環境で全文解析型の調査を行うのが良い。

　以下では，I-JAS のストーリーライティングの作文データを本章の筆者が開発した「jReadability」(jreadability.net/) というシステムで解析した結果をもとに，作文における産出量と語彙特徴を概観する。また，学習者の習熟度や母語の影響についても考察を行う。

12.2　データと方法
12.2.1　言語テストによる能力集団の作成
　I-JAS には学習者の日本語能力を確認するツールとして 2 つの言語テストの得点情報がついている。「J-CAT」と「SPOT」である。この 2 つのテストが測る能力は異なる。「J-CAT」の場合，聴解，語彙，文法，読解で一般的な日本語能力を測っている (今井, 2015)。一方の「SPOT」は言語運用力を測っている (小林典子, 2015)。さらに，J-CAT は 7 スケールで得点を解釈するが，SPOT は 4 スケールで得点を解釈する (3.6 節参照)。こうした違いがあるため，何らかの対応が必要になる。簡単な方法としては，2 つのうちの 1 つのテストだけを使うことも考えられるが，1 つを選択し，もう 1 つを排除する明確な根拠も見当たらないため，本稿では 2 つのテストの得点をともに利用する。こうすることで，J-CAT が得意とする言語知識や総合的な日本語能力と SPOT が得意とする運用能力をともに取り入れた能力判定ができる。

　2 つのテストの得点を利用するため，J-CAT の 4 領域「聴解，語彙，文法，読解」の点数と SPOT の点数を入力データとし，階層的クラスター分析 (本書, 11.4.2 節参照) を行った。これは 1,000 名の学習者を能力別に分析するためである。階層的クラスター分析の結果，4 つの集団において最適な分離が得られることが明らかになった。テストを受験していない日本語母語話者 50 名を加え，1,050 名を集計すると，表 2 のようになる。なお，この 4 つ

の集団は言語能力のみによるものであり，母語の違いは考慮されていない点
に注意してほしい。

表2　I-JAS のレベル別の集団

区分	人数	パーセント	累積パーセント
日本語母語話者	50	4.8	4.8
1 レベル	183	17.4	22.2
2 レベル	320	30.5	52.7
3 レベル	331	31.5	84.2
4 レベル	166	15.8	100.0
合計	1,050	100.0	

レベル分けの適切さを検討するため，J-CAT の合計得点（縦軸）と SPOT の
合計得点（横軸）をもとに，散布図を作成した。

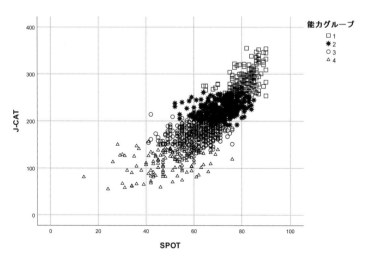

図1　J-CAT と SPOT の散布図

図1の□は表2の1レベル（183名）に対応し，もっとも能力が高い集団で
ある。＊は表2の2レベル（320名）に対応し，中程度の能力の集団である。
○は表2の3レベル（331名）に対応し，能力が低い集団である。△は表2

の 4 レベル（166 名）に対応し，もっとも低い能力の集団である。次に各テストの点数を箱ひげ図で示す。

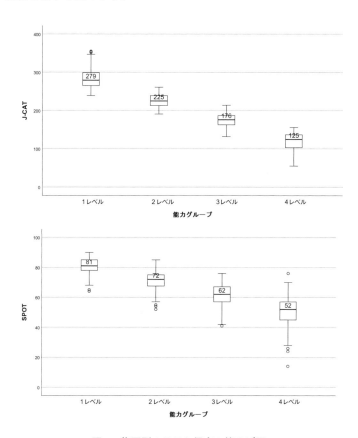

図 2　集団別のテスト得点の箱ひげ図

中央値で言えば，J-CAT の 1 レベルは 279 点，2 レベルは 225 点，3 レベルは 176 点，4 レベルは 125 点であるが，J-CAT のスコア解釈で言えば，1 レベルは上級前半，2 レベルは中級後半，3 レベルは中級，4 レベルは中級前半ということになる。そして，SPOT についても，中央値をもとに解釈すると，1 レベルは 81 点，2 レベルは 72 点，3 レベルは 62 点，4 レベルは 52

点である。SPOT のスコア解釈で言えば，1 レベルは上級，2 レベルと 3 レ
ベルは中級，4 レベルは初級ということになる。さらに，平均値の差に統計
的な有意を確認するため，一元配置分散分析を行った。その結果，J-CAT と
SPOT の両方において平均の差が有意であることが確認できた（J-CAT：F
$(3,996) =2450.5$, $p=.000$，SPOT：$F (3,996) =673.9$, $p=.000$）。

12.2.2　解析テキストデータの作成

　次に分析に用いたテキストデータについて述べる。本稿ではストーリーラ
イティングの 1 と 2 を合体させ，学習者 1,000 名分と日本語母語話者 50 名
分のデータを基本データとして使用した。合計 1,050 個のテキストファイル
に対して，各集団別の総文字数を調べてみた。

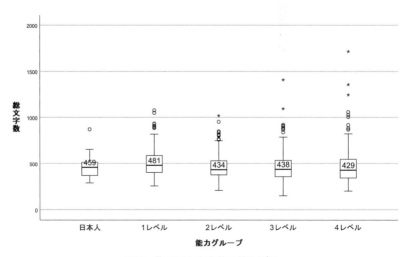

図 3　集団別の文字数の箱ひげ図

図 3 から確認できることとして，中央値で言えば 400 ～ 500 の文字数で執
筆されている。

12.2.3　解析方法

　1,050 個のテキストファイルを「jReadability」（jreadability.net/）にかけ，数

値データを得た。具体的には図 3 に示す「結果保存」オプションを使えば，テキストの品詞や語彙の頻度情報がダウンロードできる。この作業を 1,050 回繰り返せば，1,050 個の全文の数値データが得られる。

図 4　「jReadability」による分析

　図 4 の「jReadability」にテキストを入力し，解析を行うと，35 の計量的指標が出力される。動詞や名詞といった品詞の使用頻度，延べ語数や異なり語数，さらには平均語数（1 文に含まれている単語の平均値），和語や漢語などの語種の使用頻度，初級前半〜上級後半の語彙頻度などである。

　次節では，図 4 の方法で分析したデータをもとに，延べ語数や異なり語数，文字種や語種の特徴といった文字・語レベルの特徴に加え，平均文長などのテキストレベルの特徴を報告する。

12.3　結果

12.3.1　延べ語数と異なり語数

　各集団における語彙の使用を見る上で，もっとも基礎的な情報である延べ語数と異なり語数を確認した。

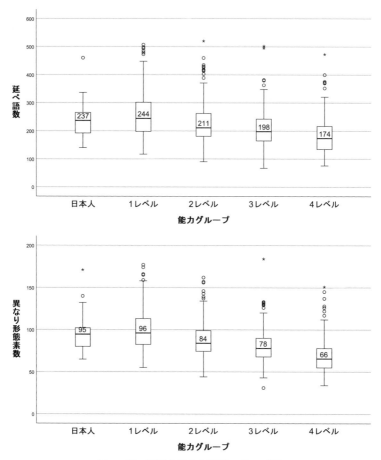

図 5　延べ語数と異なり語数の箱ひげ図

　図 5 において注目すべきは，まず，延べ語数の中央値に注目すると，1 レベルの学習者は 244 語とやや長い文章を書いているが，2 レベルから 4 レベルに進むにつれ，短くなっている点である。次に，異なり語数の中央値に注目した場合，延べ語数と概ね同じ傾向を示している点である。延べ語数と異なり語数の関係をより動的に見る方法として，1 語の平均的な使用率を見るという方法があるが，日本人の場合，異なり語 95 語に対して延べ語が

237 語であるため，1 語は平均して，2.4 回繰り返していることになるが，4 レベルの場合，異なり語 66 語に対して，延べ語は 174 語となっており，2.6 回繰り返していることになる。こうした語の繰り返しに対して，より実証的な集計方法として提案されたのが，タイプトークン比を意味する TTR（Type Token Ratio,「異なり語数 / 延べ語数」で計算）という指標であるが，TTR の平均値の推移を見ると，図 6 のようになる。

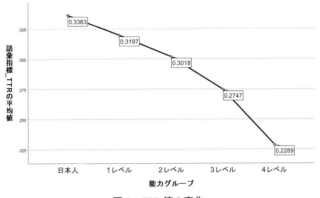

図 6　TTR 値の変化

　TTR 値は語彙の豊かさを示す指標として認知されており，図 6 を見ると，能力の差によって，緩やかに TTR 値が変化していく様子が確認できる。なお，一元配置分散分析を行った結果，有意な差が確認できた（$F_{(4,1045)}$ =55.0, p=.000）。なお，より詳細な検討のため，Tukey 法による多重比較を行った結果，日本語母語話者と 1 レベルと 2 レベルの間の差においては，統計的な有意は確認できなかった。

12.3.2　文字や語彙の使用率
　次に，文字・語彙に関する使用状況を確認する。日本語学習の大きな障壁とされる漢字・漢語に注目する。

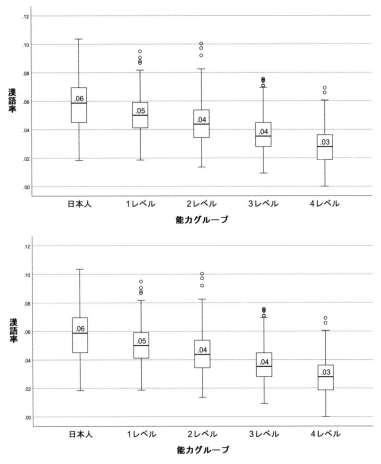

図7 漢字と漢語の使用率

　図7では，各レベルの漢字の比率，漢語の比率の箱ひげ図を示した。能力が上がるに連れ，漢字の比率が高くなっていく様子が確認できる。また，漢語に関しても，同様の変化が確認できる。

　では，母語などの学習環境はどのような影響を与えているのであろうか。

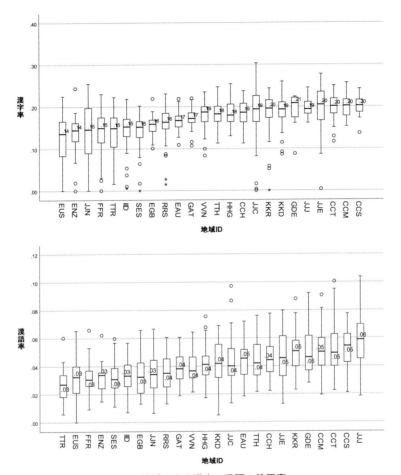

図 8　地域による漢字・漢語の使用率

　図 8 で注目すべきは，グラフの右側（高頻度使用者）に配置されている学習
者の属性として，中国語母語話者であることを示す CCT や CCS や CCM や
CCH，日本語母語話者を示す JJJ や国内の教室学習者である JJE，韓国語母
語話者の KKR が来ていること，日本での学習者であっても自然習得者の場
合は，低頻度使用者であること，EUS（アメリカ），FFR（フランス），SES（ス
ペイン），TTR（トルコ）などの北米・欧州地域は低頻度使用者であることが

確認できる。また，興味深い点として，自然環境で日本語を学習した JJN の場合，漢字の使用率が低いことが確認できる。

12.3.3　内容語の使用率

　作文に含まれる内容面の濃さを測る指標の1つとして内容語（名詞，動詞，形容詞）の使用率を調べることが有効である。

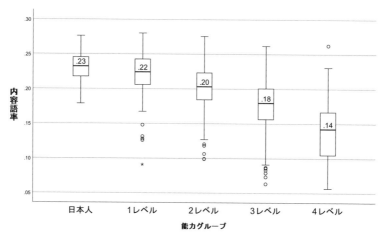

図9　レベル別の内容語の比率

　内容語は，語彙知識の多くを占めるものであるため，語彙力の判断指標にもなる。図9で注目すべきは，中央値とひげの長さである。中央値として，レベルの上下に従って，内容語の使用率が相関している実態が確認できる。そして，ひげの長さはデータのばらつき度を示すものであるが，4レベルから1レベルに進むにつれ，ひげが短くなり，集団内のばらつきが少なくなっていく実態が確認できる。なお，日本語母語話者の作文のひげが短いのは，データ数が50件しかないことに起因する現象であると推測される。

　紙面の都合上，省略するが，情報量の多少を測る指標として，1文あたりの名詞の使用率を計算するのも良い。

12.3.4　平均文長

　文法知識を測る方法の 1 つとして，1 文の長さを測る方法がある。1 文の長さを測ることで，間接的に（短文より，複文が長いという性質から）複文の使用率を捉えることができるし，複文が使えるということは，相対的に日本語の文法運用力が高いと予想される。

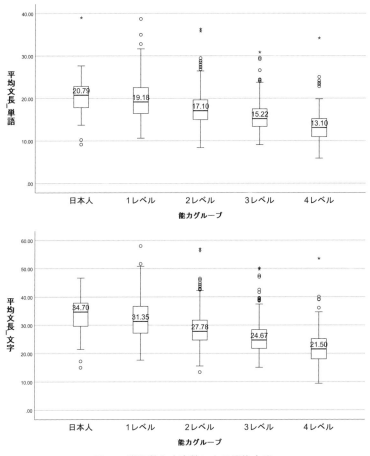

図 10　単語数と文字数による平均文長

　1文の長さを測る方法として，1文の平均文字数を数える方法と平均単語数を数える方法がある。形態素解析システムが普及する前は，文字数で数えることが多かったが，近年は，形態素解析システムが簡単に使えるため，単語数に基づく集計が主流になっている。

　図10の単語数と文字数はそれぞれ文の平均的な長さを捉えている。たとえば，日本語母語話者の文章では，1文は約21個の単語と約35文字で書いていることがわかる。この長さは，能力が下がるにつれ，段々短くなっていることが読み取れる。これは，平均文長が長いということは，長い文を使っているかどうかに関わるもので，文法能力を反映すると考えられる。テ形による複文の存在や連体修飾節による複雑な文構造が組み立てられるかは，文法能力に関わるもので，文の長さはそれを反映していると解釈できる。

12.4　まとめ

　本章では，ストーリーライティングタスクの作文データを分析し，産出量や語彙特徴について概観した。1節で，コーパス研究には部分検索に基づくミクロ型と，全文解析に基づくマクロ型という2種のアプローチがあることを示した後，2節では，分析に使用するデータと方法について紹介した。とくに，「J-CAT」と「SPOT」の得点をもとに4つの能力別集団を措定し，学習者を分類する手法について詳しく述べた。

　3節では，データ分析の結果をふまえ，学習者の日本語習熟度レベルの上昇に伴い，(1) 異なり語数が上昇するとともに語彙使用の多様性を示すTTR値が低減し，(2) 漢字比率が上昇し，(3) 内容語使用率が上昇し，(4) 文長が長くなることを確認した。

　以上で，作文における産出量と語彙特徴について概観してきたわけであるが，あわせて検討すべきは作文で使用された語彙の難度や，書かれたテキストの総合的な難易度（リーダビリティ）である。これらの点については，次章で議論することとしたい。

第 13 章

作文における語彙レベルとリーダビリティ

13.1　はじめに

　第 12 章では，I-JAS のストーリーライティング収集された作文データを分析することで，習熟度の上昇に伴い，語数・タイプ／トークン比率（TTR）・漢字使用率・内容語使用率・文長等に変化が生じることを確認した。本章では，この議論を発展させ，作文における語彙のレベルと作文全体のリーダビリティを概観することとしたい。

　この目的に即し，「日本語教育語彙表」の 6 段階の語彙難易度（Sunakawa et al., 2012）と「jReadability」の 6 段階の文章難易度（李, 2017）に基づいて I-JAS のストーリーライティングのデータを分析する。

　分析データの作り方は 12.2 節と同様であるため，13.2 節では，「日本語教育語彙表」の概要と「jReadability」を使った研究事例を紹介し，13.3 節で結果を述べる。

13.2　データと方法
13.2.1　「日本語教育語彙表」

　語彙の難易度に関する調査研究では，旧日本語能力試験の「出題基準」を用いた研究が多いが，「出題基準」はテスト作成のための資料であること，1980 年代に作成された古い資料であることから，本書では「日本語教育語彙表」を使用する。

　「日本語教育語彙表」とは，日本語教育用の語彙データベースであり，17,929 語の見出し語で構成されている。この語彙表には，すべての見出し語に対して，6 段階の難易度「初級前半語彙，初級後半語彙，中級前半語彙，

中級後半語彙，上級前半語彙，上級後半語彙」の情報がついている。

表1　日本語教育語彙表のレベル別の度数と具体例

No.	レベル	度数	具体例
1	初級前半語彙	424	お休み，隣，ペット，お願いします，私，悪い
2	初級後半語彙	793	料理，旅行，冷蔵庫，レストラン，若い，忘れる，
3	中級前半語彙	2,305	意見，以降，岩，祝う，動かす，うそつき
4	中級後半語彙	6,466	医療，衣料，衣類，色紙，違和感，インストラクター，失う
5	上級前半語彙	6,381	格段，拡張，確定，格闘，合体，過不足，株主，過保護
6	上級後半語彙	1,560	寒天，神主，甲板，仰天，極小，口伝え，屈伏，組曲

　本稿では，I-JAS の作文データにおいて，「日本語教育語彙表」のどのレベルの語彙がどれだけ使用されているかを調査した。

13.2.2　jReadability

　jReadability（jreadability.net/）は日本語教育のためのリーダビリティ分析を可能にするウェブシステムである。リーダビリティ分析とは，自然言語の文章がもつ潜在的な難しさを計算言語学の方法で測定する研究領域で，1920年代にアメリカから誕生したとされている（野本，2016）。

　リーダビリティ分析は，最初は文章の適正学年を推定する技術として注目されたが，近年は文章が持つ潜在的な特性として捉えられており，日本語学習者の作文を分析する研究もある（李，2017；伊集院ほか，2018）。日本語学習者の作文にリーダビリティを応用する背景として，読みやすさとは裏を返せば，文章の難しさであると考えられる。難しい文章に共通する漢字の使用率や長い文章といった特徴は，ある程度の日本語力がないと書けないものと考えられるため，日本語能力の高低を示す（部分的な）指標になりうると考えられる。

　具体例として，伊集院ほか（2018）では，日本語作文 30 編を 40 名の教師が主観評価で分析した結果をもとに，上位群，中位群，下位群に分類した。上位群の作文は，40 名の評価者から高い評価を受けた作文であり，下位群の作文は相対的に低い評価を受けた作文である。そして，李（2017）が提案するリーダビリティ公式「X={ 平均文長 *-0.056}+{ 漢語率 *-0.126}+{ 和語

率 *-0.042}+{ 動詞率 *-0.145}+{ 助詞率 *-0.044}+11.724（R²=.896）」 の方法に従って 30 編のリーダビリティ値をもとめた（図 1）。

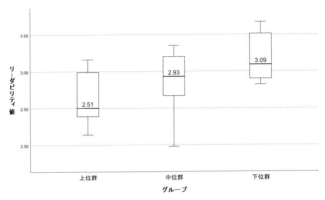

図 1　日本語作文の到達度とリーダビリティ値の箱ひげ図

　上位群の作文のリーダビリティ値の中央値は 2.51 で，中位群は 2.93，下位群は 3.09 となり，作文の到達度によってリーダビリティ値が変化していく実態が確認できる。李（2017）のリーダビリティ値は，数値が大きければ大きいほど読みやすいということになるので，上位群から下位群に進むにつれ，読みやすくなっていることが確認できる。さらに，ピアソンの積率相関係数で主観評価による作文の評点とリーダビリティ値の相関をもとめたところ，r=.-555 の相関が確認できた。
　以上の先行研究が示す成果を参考にし，本稿では，12.2 節で作成したデータのリーダビリティ分析を行った。

13.3　結果

13.3.1　語彙レベルの分布

　12.2.1 節の能力集団にそって，日本語母語話者と 1 〜 4 レベルで語彙レベル（初級前半〜上級後半）の使用状況を調査した。集計は，文章全体の長さが異なる点を考慮し，出現頻度ではなく，全語彙に対する使用率を調べた。

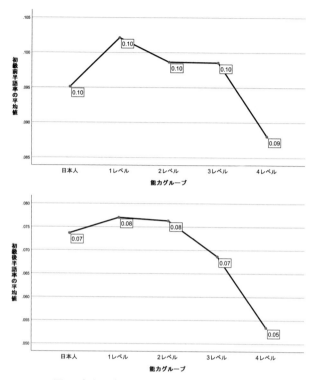

図 2　初級語彙の平均使用率の折れ線グラフ

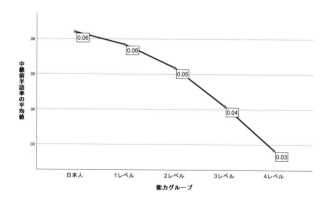

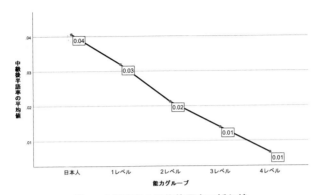

図3　中級語彙の平均使用率の折れ線

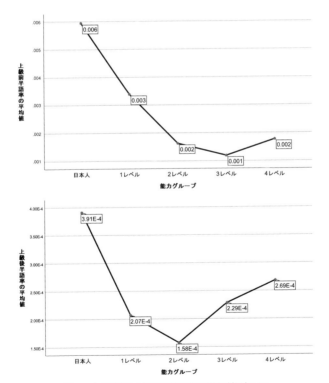

図4　上級語彙の平均使用率の折れ線グラフ

E は exponent（指数）の略。E-2 なら 10 の 2 乗で割る，E-3 なら 10 の 3 乗で割る，の意。

　図2から図4において，初級から上級語彙の平均使用率の折れ線グラフを示した。初級語彙に注目した場合，初級前半語彙に関しては，どの集団においても9～10%程度が平均値になっており，集団間で顕著な違いは見られない。しかし，初級後半から中級後半においては緩やかではあるが，集団によって差が見られる。とくに中級前半と後半の語彙に関しては日本語力による差がはっきりと現れている。そして，上級語彙に関しては，0%前後で推移しており，ほとんど出現していないことが確認できる。

　これらの違いが見られる理由として，いわゆる初級語彙は基本語に相当するものであるため，どのテキストにおいても一定数の使用が確認できる。そして，今回の文章の場合，同一のテーマで執筆したということも関係していると考えられる。一方，上級語彙は特定のテキストにしか出現しない難解な語彙であるため，使用率が低いことが予測される。こうした上級語彙や初級語彙の特徴に対して，中級語彙はほどよいところで日本語学習者の日本語力と相関していると考えられる。

13.3.2　リーダビリティ

　リーダビリティ分析の結果を図5に示す。

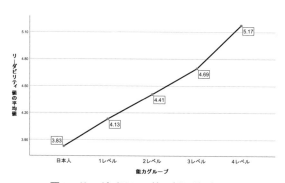

図5　リーダビリティ値の折れ線グラフ

図5では，各集団のリーダビリティ値の分布が示されている。日本語能力の変化によって，リーダビリティ値が変わっていく実態が確認できる。

　リーダビリティ値の解釈は表 2 の「jReadability」に従って捉えることになる。

表 2　リーダビリティ値の解釈基準

リーダビリティ値	解釈
0.5 ～ 1.4	上級後半（とてもむずかしい）
1.5 ～ 2.4	上級前半（むずかしい）
2.5 ～ 3.4	中級後半（ややむずかしい）
3.5 ～ 4.4	中級前半（ふつう）
4.5 ～ 5.4	初級後半（やさしい）
5.5 ～ 6.4	初級前半（とてもやさしい）

この解釈基準に従って，1,050 個の文章の読みやすさのレベルを確認した。

表 3　リーダビリティレベルと能力グループ

		リーダビリティレベル					
		中級後半	中級前半	初級後半	初級前半	測定不可	合計
能力グループ	日本語母語話者		40	10			50
	1 レベル	2	73	98	10		183
	2 レベル	1	54	219	44	2	320
	3 レベル	3	16	173	133	6	331
	4 レベル	1	1	41	88	35	166
	合計	7	184	541	275	43	1,050

　表 3 の分布を解釈すると，日本語母語話者の文章は，中級前半レベルがほとんどである。1 レベルは初級後半から中級前半，2 レベルは初級後半，3 レベルは初級前半から初級後半，4 レベルは初級前半であることが確認できる。
　では，中級前半や初級後半レベルの文章とはどのようなものであるか。以下，1 レベルの事例として 3 つのストーリーライティングのデータを示す。

CCS09（1 レベルの学習者が作成した中級後半の難易度を持つ文章）

　朝，ケンとマリはサンドイッチを作りました。作ってから今日のピクニックの場所を地図で確認している間に，ペットの犬がバスケットに入り込んでいた。二人はそれを気付かなくて，そのままバスケットを持って出かけました。マリとケンは予定の場所に着いて，ピクニックを始めようとすると，犬がバスケットから飛び出してきて，二人とも驚かれました。バスケットの中を見てみると，すべてのものが噛まれてしまって，マリとケンはしょうがなくピクニックを諦めて，家へ帰りました。

　ケンはうちの鍵を持っていませんでした。外で大声でよんでいて，寝ているマリを起こそうとしたんですけど，マリは深く寝ていて，声が聞こえませんでした。何度試したケンは仕方がなく，そばの梯子を持ってきて，直接に二階に登ってうちに入ろうとするときに，通りかかった警官さんに見られて，ケンが犯人だと思い込んでしまって，大声で注意しました。その時マリは警官さんの声が聞こえて，窓の外へ見ると，ケンが自分が鍵を持っていないから，梯子で家に入ろうとするんですと，警官さんに説明していたんです。

KKR24（1 レベルの学習者が作成した中級前半の難易度を持つ文章）

　朝，ケンとマリはサンドイッチを作りました。それをバスケットの中にケンとマリがしまっておきました。が，犬がそれを見てバスケットにこっそりと入り込み，まったくケンとマリのしらない内にそのサンドイッチを全部食べたわけなんですよ。それで公園にケンとマリがピクニックに行ってバスケットを開けてみたらなんと！サンドイッチは全く無く犬だけが出てきてしまって，二人はがっかりしました。たぶん犬が自分1人だけ恋人がないのにむかついて，そのうえに二人がピクニックに行っていちゃいちゃする姿を想像したらさらにむかついてしまい，二人のデートをデタラメにさせたのです。

　ケンはうちの鍵を持っていませんでした。ちなみに，ケンは夜遅く帰りました。マリはそれで怒ったのです。ケンはドアを開けてくれと家の外で叫びましたが，怒ったマリは寝たふりをしました。夜遅く帰ることに対してお仕置きしたかったもんですよ。それでケンはマリからの助け船はダメだという思いで，一人だけの力でどうかしてみようと。その結果がまさに梯子でした。はしごを使って窓から家に入ろうとしたんですよ。問題は偶然通りかけていた警察官がそれを見て泥棒だと誤解し逮捕しようとしたのです。マリは一応怒ったことはとにかく自分の配偶者が犯罪者になるのはやっぱりダメだという思いで，ケンを助けます。警官に実は夫なんです，と説明したのです。それで警官はああただの夫婦げんかだったのか，と思い事件は一段落。めでたしめでたし。家には早く帰るのが大事なんですね。やっぱり。

CCM33（1レベルの学習者が作成した初級後半の難易度を持つ文章）

> 　朝，ケンとマリはサンドイッチを作りました。急に犬が箱の中に飛びました。マリとケンが地図を見ていて，気付きませんでした。そして，ピクニックへ行きました。箱を開けた後，犬が飛び出した，びっくりしました。そして，サンドイッチとリンゴを食べたことを気付きました。
> 　ケンはうちの鍵を持っていませんでした。そして，マリの名前を呼びました。マリが寝ていて。気付きませんでした。そして，ケンははしごを運んできた。警官は見て，警告しました。その時，マリは目を覚めて，顔を出して，誤解を解きました。

　以上で示した3つの事例は，いずれも1レベルの高い日本語力を持った学習者による作文である。しかし，文章の難易度の観点から捉えた場合，CCS09は中級後半，KKR24は中級前半，CCM33は初級後半という結果になっている。

　3つの文章を質的な観点で評価した場合は，まず，CCS09は，受身表現に関して部分的に不自然な表現があるものの，出来事の詳細を正確に表現できている。また，テ形や複文を適切に使用している点で完成度の高い文章であると判断できる。次に，KKR24は口語体で表現されており，繰り返しが多く，全体として冗長的な文章になっている。最後に，CCM33は描写の絶対量として非常に少なく，事実のみを簡潔に示した文章になっている。

　この3つの文章をリーダビリティ分析の観点から捉えた場合，表4のようになる。

表4　3つの文章のテキスト情報量

		文章ID		
		CCS09	KKR24	CCM33
文章の特徴	リーダビリティ値	3.21	4.28	5.27
	文の総数	9	22	13
	延べ語数	296	401	158
	異なり語数	106	148	60
	一文の平均文長	32.9	18.2	12.2

　表 4 のデータを見ると，延べ語数としては，KKR24 が最も多く，たくさんの文を書いている。しかし，文の中身を見ると，CCM33 は短い文を多く書いているのに対して，CCS09 は長い文章を書いており，KKR24 とは異なっている。こうした複数の計量的な指標を使って，テキストを捉えることで，様々な発見があり，このような発見こそが全文解析型分析の醍醐味といえる。

13.4　まとめ

　本章では，前章に引き続き，ストーリーライティングの作文データを分析し，語彙レベルや作文のリーダビリティについて検討した。1 節で概要を示した後，2 節では，語彙難度の指標として使用した「日本語教育語彙表」と，分析に使用したオンラインシステムである jReadability について紹介した。

　3 節では，データ分析の結果をふまえ，(1) 初級前半語彙および上級語彙の使用量については習熟度による差がはっきりしないものの，初級後半〜中級後半レベルの語彙については，習熟度の上昇に伴って使用量が増大することと，(2) リーダビリティについては，初級学習者 (4 レベル) の作文は初級前半相当だが，習熟度の上昇に伴ってリーダビリティの難度があがり，上級学習者 (1 レベル) の作文は初級後半〜中級後半相当になること等を報告した。

　以上，第 12 章および第 13 章において，全文解析によるマクロ的な分析の視点から，作文における語彙の特徴を議論してきた。続く 2 つの章では，視点と対象を変え，部分検索によるミクロ的な分析の視点から，発話における語彙と文法・語法の問題を検討してみたい。

第 14 章

発話における副詞の使用

14.1　はじめに

　すでに述べたように，学習者の L2 産出を分析するには，その全体的な性質を大掴みにすることを目指すマクロ的なアプローチと，特定の語彙や文法項目に絞って調査を行うミクロ的なアプローチが存在する。第 12 章と 13 章では，マクロ的なアプローチによる調査の実践例として，jReadability（李, 2017）というオンラインサイトを使用し，I-JAS のストーリーライティングタスクで得られた作文データを「全文解析」し，学習者の習熟度に応じて，語数・漢字漢語使用率・文長・語彙レベル・リーダビリティがどのように変化するかを概観した。

　これに対し，第 14 章と第 15 章では，調査対象をより狭く絞ったミクロ的なアプローチに基づき，発話データ分析の実践例を示す。第 14 章では語彙に関して「学習者の副詞使用」を，第 15 章では文法・語法に関して「学習者の丁寧体否定文使用」を論じる。

　なお，こうした調査を実施するには，(1) コーパスから必要な用例を抽出し，(2) 用例を整理し，(3) 頻度情報を取り出して分析する，という一連のプロセスが必要になる。本章および次章では，読者が自身で分析過程を追体験できるよう，また，読者自身の関心テーマについて独力で分析を行えるよう，分析の手順についても詳しく解説することとしたい。

14.2　学習者による副詞の使用

　日本語の各種品詞の中で，副詞は行為の程度や状態を示す働きを持つ。副詞には様々なものが存在するが，くだけた発話ではどのような副詞が多く使

われるのであろうか。

　以下は，I-JAS の対話タスクで産出された中国語母語話者と日本語母語話者の発話の一部である。下線を施した語が副詞である。

(1)　　朝起きてー，そしてー，あ，朝起きてが，が，朝ごはんを食べてー，
　　　　そしてー，授業を受ける，そ，それからー，午後，お昼を食べてー，
　　　　ご午後の授業を受けてーそしてー寮に帰ってー，えーパソコンやった
　　　　りー，宿題をしたりー，えーそして夜はー，ご飯を食べてー<u>ちょっと</u>
　　　　遊んでーそしてね寝ます
　　　　　　　　　　　　　　　　　　　　　　　　　（中国語母語話者：CCM01）

(2)　　まあ，あの，立川から歩いても来れるんですけど<u>ちょっと</u>大変なので
　　　　モノレールに乗って来ました…<u>そう</u>ですね，えっと，他の，え調査が
　　　　その十時からだったんで…<u>そう</u>ですね，ん，までも一時間，ぐらいで
　　　　着くので…<u>そう</u>ですね，も九時ぐらいに，出ました…
　　　　　　　　　　　　　　　　　　　　　　　　　（日本語母語話者：JJJ01）

　上記の例を見ると，学習者の副詞使用は，量においても，質（内容）においても，母語話者とはいくぶん異なっているのではないかと思われる。本章ではこの点を詳しく探っていくこととしたい。

14.3　調査の枠組み
14.3.1　目的と RQ
　本章で行う調査の目的は，対話場面において，12 種の母語背景を持つ中級後半の学習者と日本語母語話者が，副詞をどのように使用するかを比較することである。比較の際には，量と質の両面を分析対象とする。前者に関しては，話者ごとの副詞総語数（トークン数）と総種類数（タイプ数）を，後者については話者ごとの高頻度使用語彙と，学習者全体が母語話者と比べて特徴的に過剰・過少使用している副詞をそれぞれ検討する。これらの目的に沿って，以下の 3 つの研究設問（research questions：RQ）を設定した。

RQ1：12 種の母語背景を持つ学習者と日本語母語話者は副詞をどの程度使用するか？（副詞使用量）

RQ2：12 種の母語背景を持つ学習者と日本語母語話者がとくに高頻度で使用する副詞にはどのようなものがあるか？（高頻度副詞）

RQ3：学習者全体が，母語話者に対して，特徴的に過剰または過少に使用する副詞にはどのようなものがあるか？（特徴副詞）

14.3.2　データ

　2019 年 11 月 10 日時点において，国立国語研究所コーパス検索アプリケーション「中納言」（以下「中納言」）上で研究グループメンバーに限定公開されているデータを分析に使用した。これは一般向けの最終公開版のデータに準じるものであるが，一般公開時にはさらなる修正と調整が加えられる予定であり，本節で示した結果と最終的なデータを用いて行う分析の結果は一致しない可能性がある。

　I-JAS には，母語・習熟度・学習環境（海外，日本国内教室環境，日本国内自然環境）を異にする多様な学習者と日本語母語話者が様々なタスクにおいて産出したデータが包含されている。これらはそれぞれ価値あるデータだが，性質の異なるデータを混ぜて分析した場合，結果の解釈が困難になる恐れがある。

　そこで，本節の調査では，タスクについては「対話」のみとし，学習者については，海外学習者で，中級後半（旧日本語能力試験（JLPT）の Level 2 相当）の習熟度を持つ者に対象を限定した。「中級後半」の判定については，「J-CAT スコア互換表」を参考の上，J-CAT の合計スコアが 200 〜 249 点である者と定義した。

　このうち，習熟度の統制はとくに重要である。J-CAT 合計点の平均値に注目すると，たとえば，インドネシア語母語話者は 173.6 点，タイ語母語話者は 217.7 点，中国語母語話者（大陸＋台湾，以下同じ）は 242.6 点で，学習者を母語別に比較した場合，得られた差が母語の違いによるものか習熟度の違いによるものかが判断できなくなってしまうだろう。

　以上の条件に基づき，本節の調査が対象とする学習者数は，母語別に，中国語が 75 名，韓国語が 26 名，タイ語が 24 名，ベトナム語が 18 名，イン

ドネシア語が 15 名，英語が 22 名，ドイツ語が 18 名，フランス語が 3 名，スペイン語が 4 名，ロシア語が 17 名，ハンガリー語が 17 名，トルコ語が 9 名，合計 248 名である。これに 50 名の日本語母語話者を加え，総計 298 名を分析対象とする。

14.3.3　分析手順

3 つの研究設問に即して，以下，データ処理の手順を示す。なお，「中納言」の使用に関しては，あわせて，9 章と 10 章を参照されたい。

14.3.3.1　RQ1 の調査方法

RQ1 の検討に先立ち，まず，条件を設定して必要なデータを入手する方法を 4 つの段階に分けて確認しておこう。

[1] 検索条件の指定

「中納言」画面上部で「短単位検索」が選ばれていることを確認の上，検索条件を以下のように入力する。

図1　検索対象入力ボックス

上記で，「品詞」の「小分類」が「副詞」である用例を検索できる。品詞には大分類・中分類・小分類の 3 種があるが，副詞は下位区分されていないため，大中小いずれの分類を選んでも結果は同じである。

次に，画面中央の「言語環境・調査地およびタスク」設定画面で，以下のようにタスクを指定する。

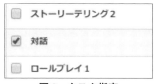
図2　タスク指定

タスク行は左端にタスク名を表す英文字コードが，右端に日本語でのタスク名が記載されている。このとき，右端の日本語タスク名の文字，あるいはすぐ左隣のボックスをクリックすればすべての話者の対話タスクを検索対象とすることができる。

[2] 結果のダウンロードと Excel シート化

以上の設定を済ませた後，「話者」の項目が「学習者（日本語母語話者を含む）の発話のみ検索」となっていることを確認の上で（つまり，質問者役の調査者による発話を含めない），「検索する」ボタンを押す。画面下部に検索結果の一部が表示されるが，分量が多いため全部は表示されない。そこで，「検索結果をダウンロードする」ボタンを押し，検索結果を保存する。

ダウンロードしたファイルは，列ごとの区切情報が付与された CSV ファイル形式であるが，以後の加工のためには Excel 形式にしたほうが便利である。そこで，ファイルを右クリックして，プログラムから開く＜ Excel の順に指定して（あるいはあらかじめ Excel のシートを開いておき，ダウンロードしたテキストファイルを全体コピー（ctrl + A）して貼り付けて）Excel シートにする。

H	I	J	K	L	M
前文脈 (	キー（解	後文脈 (	語彙素	語彙素読	品詞
<C>毎日|	あんまり	|おい、お|	余り	アマリ	副詞
<K>生|に	あんまり	|忙しく|な	余り	アマリ	副詞
<C>です|	ちょっと	|わかり|ま	一寸	チョット	副詞
<C>ん|で	一番	|好き|な|	一番	イチバン	副詞
<C>どう|	ちょっと	|暖かい#<	一寸	チョット	副詞
<C>、|ど	一番	|特徴|は|	一番	イチバン	副詞
<C>おも|	ぜひ	#<C>へえ	是非	ゼヒ	副詞

図 3　ダウンロードしたデータから作成された Excel シート（一部）

注目するのは「キー」の列である。I-JAS では，話者の発話をそのまま書き取った「キー（発話通りの文字列）」と発音間違え等を修正した「キー（解析向けに加工した文字列）」の 2 つがあるが，ここでは後者を使用する。

［3］Excel シート上での対象学習者データの抽出

　作成した Excel ファイルには，今回の調査対象以外の学習者のデータも含まれている。そこで，必要なフィルタリングができるよう，Excel シートの上部にある「データ」を選び，「並べ替えとフィルター」内の「フィルター」を押し，Excel の各列にフィルタボタンを追加する。

図 4　フィルタボタンの追加

　その後，「調査地」（通例 V 列）のフィルタボタンを押し，表示される調査地一覧の中で，「国内教室環境」と「国内自然習得」のチェックを外す。続いて，「J-CAT（合計）」（通例 AE 列）のフィルターボタンを押し，「数値フィルター」を選び，「指定の範囲内（W）」を選択する。

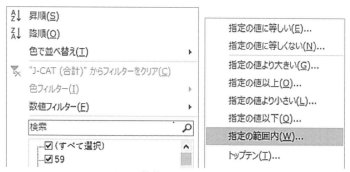

図 5　数値フィルターの選択

　これにより，オートフィルターオプション画面が出現するので，本節が対象とする 200 以上 249 以下と指定する。

抽出条件の指定：
　J-CAT（合計）

| 200 | ∨ | 以上 | ∨ |

　　　　◉ AND(A)　○ OR(O)

| 249 | ∨ | 以下 | ∨ |

図6　抽出条件の指定

　続いて，母語別に副詞の使用状況を見ていくため，「母語」（通例 W 列）の
フィルターボタンを押し，母語一覧の中から任意の言語（図7ではインドネシ
ア語を選んでいる）を指定して「OK」を押す。これで，特定の母語の中級後
半海外学習者の使用した副詞用例のみが表示される。以下，その他の母語に
ついても同様の方法でデータを抽出していく。

図7　学習者の母語別のデータ抽出

　なお，先に J-CAT の合計得点で選択をかけているため，上記の母語一覧
に「日本語」は出てこない。そこで，「J-CAT（合計）」のフィルターボタン
を押して「すべて選択」を選び，再度，「母語」のフィルターボタンを押す
と，「日本語」が選べるようになる。これで，日本語母語話者による副詞使
用状況も確認できる。

[4] 副詞使用量の調査

　以上で，それぞれの話者が使用した副詞の用例が抽出されたが，それらの
延べ語数（トークン数）や種類数（タイプ数）はまだわからない。

　それぞれ，Excel 上で，手作業で数えることも不可能ではないが，ここで
は，RQ2 の調査との連続性もふまえ，キー列をそれぞれテキストファイル
にし，コンコーダンサ（コーパスから必要な用例を抽出するソフトウェア）で頻度
を自動的に調査することとしたい。使用するソフトウェアは Antconc v.
3.5.8（Anthony, 2019）である。Antconc には，Windows 版と Mac 版が存在
し，ともに無償で使用できる。

　作業手順としては，まず，13 種の母語別に（学習者 12 母語＋日本語母語話
者），Excel の「キー」の列だけをコピーしたテキストファイルを作る（1 行
目にある「キー（解析向けに加工した文字列）」という文字は手作業で消してお
く）。テキストファイルには様々な文字コードが存在するが，ここでは
UTF-8 形式で保存する。Windows に付属する「メモ帳」であれば，以下の
ように，文字コードの横の矢印を押し，一番下の UTF-8 を選んで「名前をつ
けて保存」するとよい。ファイル名は，たとえば，Indonesian.txt，Chinese.txt
等としておく。

図 8　UTF-8 でのテキストファイル保存

　その後，前述の Antconc を開く。Antconc の上部には，File, Global Settings
…等の機能タブがあるので，File を選び，続けて，Open File を選び，分析
したいファイルを指定する。ここでは，インドネシア語母語の学習者を集計
することとし，Indonesian.txt ファイルを指定する。その後，上部にある分
析機能タブの Wordlist を選び，下部の Start ボタンを押す。

Word Types:	80		Word Tokens:	1217
Rank	Freq	Word		
1	310	そう		
2	106	まあ		
3	94	ちょっと		
4	65	たぶん		

図 9　インドネシア語母語の学習者の副詞使用量分析結果

　すると，分析結果画面の上部にトークン数（1,217 回）とタイプ数（80 種）が表示されるので，これらを記録しておく。また，File から Save Output を選び，出力結果をテキストファイルに保存しておく。

　なお，得られたトークン数とタイプ数の比較にあたっては，話者グループごとに人数が違うことに注意が必要である。トークン数については，人数が増えれば使用量も線形的に増加すると考えられるので，当該話者グループの人数で割り，1 名あたりの調整頻度に変換しておく。タイプ数については，内容を統制した対話の中で生起しうる副詞の数は有限であり，人が増えればその比率で量が増えるとは限らないので，今回は調整頻度に換算しない。ただし，人数が 5 名未満のスペイン語・フランス語母語話者はタイプ数が著しく小さくなることが予想されるので解釈の際には注意が必要である。

14.3.3.2　RQ2 の調査方法

　上記の処理過程で，話者別に語彙頻度一覧を記録したテキストファイルが母語別にできているはずなので，それらを Excel に貼り付けて，データを整形する。本節の分析では上位 5 語を取り出して比較する。

14.3.3.3　RQ3 の調査方法

　RQ3 では，学習者を一群にまとめて日本語母語話者と比較し，学習者が全体として特徴的に使用している語を検討する。コーパス言語学において，「特徴語」は，基準データ（この場合は母語話者）と比べて顕著に高頻度又は低頻度となっている「過剰・過少使用語」と定義され，特徴度は統計値を用い

て量化される（石川, 2012, pp. 94–97）。

　作業手順としては，まず，Antconc の File タブから Open File (s) を選び，12 種の学習者別に「キー」列の情報を記録したテキストファイル（RQ1 の検討で使用したもの。Chinese.txt 等）をすべて選択し，Wordlist ボタンを押して副詞頻度表を作成する。

　その後，上部のツールバーから「Tool Preferences」を選び，左側のウィンドウで「Keyword List」を選択すると，特徴語検索のための条件設定画面が出現する。

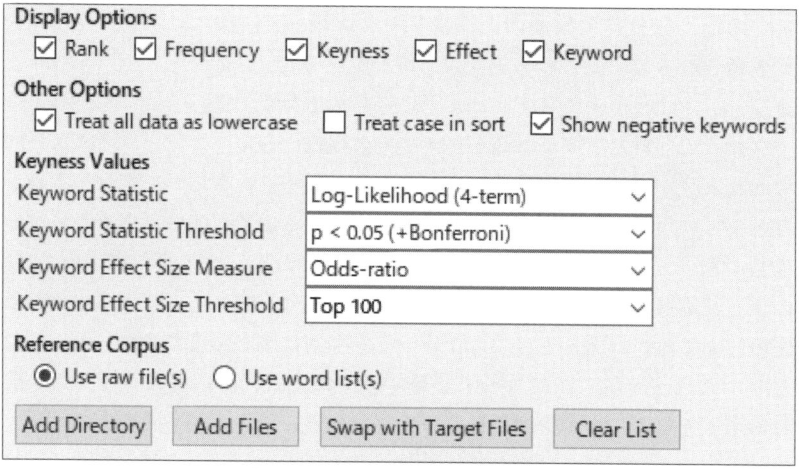

Display Options
☑ Rank　☑ Frequency　☑ Keyness　☑ Effect　☑ Keyword

Other Options
☑ Treat all data as lowercase　☐ Treat case in sort　☑ Show negative keywords

Keyness Values
Keyword Statistic　Log-Likelihood (4-term)
Keyword Statistic Threshold　p < 0.05 (+Bonferroni)
Keyword Effect Size Measure　Odds-ratio
Keyword Effect Size Threshold　Top 100

Reference Corpus
◉ Use raw file(s)　○ Use word list(s)

Add Directory　Add Files　Swap with Target Files　Clear List

図 10　Keyword 検索の設定画面

　各設定は原則として事前に選ばれている通りとする。特徴語の抽出に使用する統計量は対数尤度比（log-likelihood）で（11.3.5 節参照），頻度に差があるかどうかを判断する有意水準は 5％であるが，検定反復によって水準が過度に甘くなることを調整するため，ボンフェローニ補正を行う（11.5.3 節参照）。

　一方，いくつかの点については設定を変更しておくとよいだろう。まず，「Other Options」については，右端の「Show negative keywords」にチェックを入れる。これにより，過剰使用語だけでなく過少使用語も検出できる。また，「Keyness Value」の「Keyword Effect-Size Measure」は「Odds-ratio」

に変更しておく。これにより「効果量」の指標としてよく使用される「オッ
ズ比」が計算できる（11.5.2 節および小林雄一郎（2015）を参照）。そして，
「Keyword Effect Size Threshold」は「Top 100」を指定する。これにより，
特徴語の数を絞り込むことができる。

　続いて，「Reference Corpus」の「Add Files」で日本語母語話者のファイ
ル（Japanese.txt）を指定し，画面下の「Load」，画面右下の「Apply」を順に
押す。その後，設定画面を閉じてメイン画面に戻り，上部のタブより
Keyword List を選び，画面下部の Start を押せば，自動的に学習者による過
剰・過少使用語のリストが表示される。

Keyword Types:	43		Keyword Tokens:	16792	Searc
Rank	Freq	Keyness		Effect	Keyword
1	965	+ 689.14		16.9715	とても
2	625	+ 307.15		6.4719	あまり
3	605	+ 294.46		6.3652	たくさん
4	1289	+ 288.08		2.7737	たぶん

図 11　学習者の過剰使用語の一例

　Keyness の列に表示されるのは，特徴度（今回の設定では対数尤度比統計量）
の値で，(+) は母語話者に比べて学習者のほうが顕著に多く使用する過剰使
用語であることを，(-) は顕著に少なく使用する過少使用語であることを示
す。画面を下にスクロールしていくと，過少使用語が表示される。

Keyword Types:	43		Keyword Tokens:	16792	Search
Rank	Freq	Keyness		Effect	Keyword
17	219	+ 19.9		1.7764	いっぱい
18	105	+ 14.97		2.1251	やはり
19	124	- 1036.73		0.0845	こう
20	8	- 217.41		0.0345	やっぱ

図 12　学習者の過少使用語の一例

Effectの列に表示されるのは効果量（今回はオッズ比）の値で，1より大きいと学習者側で当該語が生起しやすいことを，1より小さいと生起しにくいことを示す。ここでFile<Save Outputを選び，適当なファイル名をつけて保存しておけば，上記のリストをExcel等で加工して使用することが可能になる。

　なお，本節の分析は試行的・探索的なものであるため，特徴語の抽出を除き，統計的な有意性検定は実施しない。

14.4　結果と考察
14.4.1　RQ1：副詞使用量

　まず，副詞の全体的な使用量について概観する。トークン数については1名あたりの調整値を併せて示しているが，タイプ数は調整していない。

表1　話者グループ別副詞使用量

母語	人数	全体トークン数	1名あたりトークン数	タイプ数
中国語	75	4,758	63.4	142
韓国語	26	1,863	71.7	94
タイ語	24	1,678	69.9	84
ベトナム語	18	1,171	65.1	77
インドネシア語	15	1,217	81.1	80
英語	22	2,872	130.5	106
ドイツ語	18	1,973	109.6	87
フランス語	3	246	82.0	36
スペイン語	4	458	114.5	37
ロシア語	17	1,608	94.6	83
ハンガリー語	17	1,996	117.4	76
トルコ語	9	1,015	112.8	69
日本語	50	12,629	252.6	382

　ここでは3点を検討したい。1点目は学習者・母語話者の差についてである。1名あたりのトークン数では母語話者が250語を超えるのに対し，学習者は63〜130語程度にとどまり，タイプ数では母語話者が380語を超えるのに対し，学習者（人数の少ないスペイン語・フランス語を除く）では69〜142

語にとどまる。これより，対話における学習者の副詞使用量は母語話者と比
べ，トークン数では 25 〜 50％，タイプ数では 18 〜 37％であることがわ
かった。今回の分析は中級後半の学習者に限ったわけであるが，それでも，
学習者が使える副詞の量はきわめて制約的であることが示された。

　2 点目は地域差についてである。1 名あたりのトークン数について言う
と，英語（130.5）・ハンガリー語（117.4）・スペイン語（114.5）・トルコ語
（112.8）・ドイツ語（109.6）が 100 語を超えたのに対し，中国語（63.4），ベト
ナム語（65,1），タイ語（69.9），韓国語（71.7），インドネシア語（81.1）は 100
語を下回り，欧州圏学習者のほうがアジア圏学習者より副詞を全体的に多用
する傾向が認められた。一方，異なり語数については，中国語（142）＞英語
（106）＞韓国語（94）＞ドイツ語（87）…の順となり，欧州圏・アジア圏が混
在していることから，両者間ではっきりした差は見られなかった。

　3 点目は言語系統の差についてである。町田（2009）の言語系統の分類に
従って 1 名あたりのトークン数を比較すると，オーストロ・アジア語族（ベ
トナム語）（65.1）＜シナ・チベット語族（中国語・タイ語）（平均 66.7）＜韓国語
（71.7）＜オーストロネシア語族（インドネシア語）（81.1）＜インド・ヨーロッ
パ語族（英語・フランス語・ロシア語）（平均 102.4）＜チュルク語族（トルコ語）
（112.8）＜フィン・ウゴル語族（ハンガリー語）（117.4）＜日本語（252.6）という
順序になった。町田（2009）は，日本語は音韻的にオーストロネシア諸語と，
文法的に韓国語等と類似していると述べているが，そうした言語的類縁性は
副詞のトークン使用量に影響していないと思われる。

　以上より，母語話者と学習者間には副詞の使用量に顕著な差があること，
学習者の中では欧米圏学習者がアジア圏学習者よりも副詞使用量が多いこ
と，使える副詞の種類には母語や地域の影響は見られないこと，言語系統の
差は副詞使用量には影響しないことが確認された。

14.4.2　RQ2：高頻度副詞

　次に，多用される副詞種別について見てみよう。I-JAS のように，内容が
ある程度統制されたインタビューにおいては，使用される語彙はかなり近似
することが予想されるが，話者別の上位使用副詞 5 種を見たところ，以下
の結果を得た。下線付きの語は母語話者の上位 5 語と重なっていることを

示す。

表2 話者別の高頻度使用副詞（上位5語）

母語	高頻度使用副詞（頻度順）
中国語	そう／ちょっと／たぶん／とても／もう
英語	そう／ちょっと／たぶん／とても／まあ
フランス語	たぶん／そう／あまり／とても／ちょっと
ドイツ語	そう／ちょっと／とても／もう／たぶん
ハンガリー語	そう／ちょっと／まあ／たぶん／あんまり
インドネシア語	そう／まあ／ちょっと／たぶん／よく
韓国語	そう／ちょっと／あんまり／たぶん／まあ
ロシア語	そう／ちょっと／とても／もちろん／もう
スペイン語	そう／たとえば／とても／ちょっと／あまり
タイ語	そう／ちょっと／あまり／たぶん／たくさん
トルコ語	そう／ちょっと／あんまり／もう／もちろん
ベトナム語	そう／ちょっと／たぶん／よく／たくさん
日本語	そう／もう／ちょっと／こう／まあ

　ここでは，学習者と母語話者間で一致する副詞と一致しない副詞について検討したい。日本語話者の高頻度副詞上位5語が学習者側でも上位5語に入っているかどうかを確認したところ，「そう」と「ちょっと」については12の学習者グループのすべてで上位5語に入っていた。また，「もう」は4グループ，「まあ」も4グループで高頻度語に入っていた。一方，「こう」はどの学習者グループにおいても高頻度語に含まれていなかった。

　では，なぜ母語話者だけが対話の中で「こう」をよく使うのであろうか。母語話者の用例を検討すると，話者に近いものを指し示す一般的な近称用法よりも，むしろ，はっきりした指示対象を持たないフィラー的な用法が圧倒的に多いことがわかった。

(3) 　『グリー』は，高校生で…グリーグってゆう，こう，合唱？…ちょっとこうアクションってゆうか…

（日本語母語話者：JJJ02）

　上例のように，母語話者は，言葉がすぐ出てこないときに，近称を使用することで相手の注意を自分のほうに引きつけつつ，語調を整えながら，次の発話までの間を埋めようとするが，同様の「こう」は学習者にはほとんど見られなかった。なお，こうした「こう」の用法について，一部の辞書は間投詞として分類している。

　また，学習者の側でのみ上位 5 語に入っている語もある。たとえば，「たぶん」は 9 グループで，「とても」は 6 グループで，「あ（ん）まり」も 6 グループで共通して多用されるが，母語話者の上位語には含まれない。具体的な程度を示さず漠然と内容を強調する「とても」や，主張を弱め，ぼかす働きを持つヘッジ（hedge）としての「たぶん」や「あ（ん）まり」の多用が学習者の発話を特徴づけている。

　I-JAS の対話は，ほぼ同じ内容について，同じようになされたものであり，トピック影響の少ない副詞上位語については高い一致度が予想されたが，以上で見たように，実際には母語話者・学習者間でかなりのずれが存在することが示された。

　なお，上表に明らかなように，上位 5 語に限った場合，学習者間の違いは小さかった。母語話者の上位 5 語との一致数を見ても，すべての学習者グループで一致度は 5 語中 2 語ないし 3 語であり，高頻度副詞の選択に関して，母語ないし言語系統の影響は確認できなかった。

14.4.3　RQ3：特徴副詞

　特徴語分析を行ったところ，母語話者に対して学習者全体が過剰・過少使用する語として，以下の副詞が抽出された（表 3）。

　学習者は，フォーマルな強意副詞（とても・たくさん・もっと・よく・一番）や，ヘッジ的な緩和副詞（あまり・たぶん・ちょっと）を顕著に多用する。中でも，「とても」の過剰使用度は顕著に高い。

表3 学習者の過剰・過小使用語（上位10語）

過剰使用語（学習者＞母話話者）			過少使用語（学習者＜母語話者）		
語	統計量	効果量	語	統計量	効果量
とても	689.1	17.0	こう	1,036.7	0.08
あまり	307.2	6.5	やっぱ	217.4	0.03
たくさん	294.5	6.4	そう	208.4	0.69
たぶん	288.1	2.8	もう	191.8	0.5
もっと	249.6	7.5	やっぱり	165.7	0.41
ちょっと	174.8	1.7	まあ	163.9	0.49
よく	166.8	2.8	結構	147.1	0.32
たとえば	163.9	3.6	けっこう	110.8	0.14
一番	156.2	2.9	なかなか	74.4	0.16
まだ	104.3	2.7	たまたま	65.2	0.08

注：過少使用語の「結構」と「けっこう」は使用したデータ内の表記に揺れがあったため二重で登録されたものである。

(4)　説明は<u>とても</u>難しい，と思います　　　　　（中国語母語話者：CCH13）

(5)　うーん，お酒，の店につ連れて，お酒を<u>たくさん</u>，飲んで，うん <u>たくさん</u> うん，酔っぱらって，うん，楽しみです

（中国語母語話者：CCT58）

(6)　高校の時，私の高校，高校は，あ日本，日本語が，あー，<u>一番</u>いいだと思いました　　　　　　　　　　　（タイ語母語話者：TTH18）

　こうした語は強意詞に分類されるものの，はっきりした具体的な意味の強めを行っているわけではない。学習者は，多くの場合，一連の強意副詞をフィラー的に使用しているようである。もっとも，母語話者がフィラー的に使う「こう」とは違い，これらの副詞は自身の発話の中で完結するもので，聞き手の注意を引きつけ，聞き手を巻き込む類のものではない。このため，学習者の発話はしばしば一方的となり，聞き手と話し手の一体性が希薄化する。

　これに対し，母語話者は，「こう」を含め，相手の注意を引きつけつつ語調を整える副詞（こう・もう・まあ）を多用する。さらに，くだけた強意副詞（やっぱ（り））や，漢語由来副詞（結構／けっこう），また，語基反復型の副詞（なかなか・たまたま）も多用している。下記は母語話者の用例である。

(7)　…覚えてないですが，何かこう頭にきたことがありましてえー　もう，もう暴れてしまったとゆうんで，何かこうケーキとかも壊して…

（日本語母語話者：JJJ05）

(8)　なんかその空気が周り全体包んでますよね，うん，そ，そこが，まあ上賀茂エリアのお勧めなところですね，はい（日本語母語話者：JJJ050）

(9)　で母親が看護師だったんですけど やっぱうまく対応してるの見たりとかなかなかこう…

（日本語母語話者：JJJ27）

(10)　…やっぱり看護師さんてすごいなって…　　　　（日本語母語話者：JJJ14）

(11)　んー，なんか，一人に絞るのがけっこう難しいなって思っちゃったんですけど…

（日本語母語話者：JJJ20）

(12)　なかなかこう話しかけられなくて，滑り台の上から眺めてた記憶があります

（日本語母語話者：JJJ27）

　母語話者は，意味的・形態的に際立ちを持つこうした副詞をうまく組み合わせて使うことで，単に語調を整えて発話上のポーズを埋めるだけでなく，聞き手の注意を喚起し，注意を自身に向けさせ，聞き手と話し手の一体性を保持しようとしているものと思われる。この意味において，母語話者の副詞使用の過半は高度に語用論的である。

　以上，学習者の過剰・過少使用語を概観してきたが，すでに高頻度語について述べたように，学習者・母語話者の間には，平易な副詞であってもその使用スタイルには質的な違いが確実に存在することが確認された。

14.5　まとめ

　本章では，調査対象をあらかじめ絞り，マクロ的視点からデータ分析する研究アプローチの実践例として，I-JAS の対話データにおける副詞の使用状況を検討した。1 節で全体の概観を示し，2 節で問題の概要を論じた後，3 節では研究の枠組みや，具体的な調査の手順について紹介を行った。

　4 節では，データ分析の結果をふまえ，以下の知見を得た。まず，RQ1（副詞使用量）については，学習者の副詞使用量は，トークン頻度においてもタイプ頻度においても母語話者の半数に満たず，きわめて制約的であることが示された。また，トークン頻度についてはアジア圏学習者よりも欧米圏学

習者のほうが副詞を多用する傾向が認められたが，母語および母語の言語系統による差は明確でないことがわかった。

　次に，RQ2（高頻度副詞）については，上位 5 種のうち学習者・母語話者間で 2 語ないし 3 語が重複していた一方，「こう」は母語話者のみ，「たぶん」や「とても」「あ（ん）まり」は学習者のみが高頻度に使用することがわかった。

　最後に，RQ3（特徴副詞）については，学習者は，フォーマルで意味的・形態的な際立ちの少ない強意副詞や緩和副詞をフィラー的に過剰使用する一方，間投詞的副詞・くだけた強意詞・漢語由来副詞・特殊構造を持つ副詞等，聞き手の注意を引きつける，際立ち度の高い副詞は母語話者ほど使用できないことが示された。

　I-JAS は，発話者の背景情報が詳細に調査され，産出タスクの性質が明確に定義されているため，信頼性の高い話者間比較を行うことができる。副詞についても，母語話者と学習者を比較することで，学習者の副詞使用傾向に関していくつかの興味深い知見が得られた。ただ，本章の分析は I-JAS の一部のデータを使用した試行的なものであり，得られた知見の妥当性・再現性については，今後，さらに検証が必要であることを注記しておく。

第 15 章

発話における丁寧体否定文の使用

15.1 はじめに

第 14 章では，調査対象を絞ったミクロ的なアプローチによる研究の実例として，発話における語彙，とくに，学習者の副詞使用の問題を取り上げた。第 15 章では，文法・語法に注目し，同じく発話における学習者の丁寧体否定文使用の問題を考えてみたい。

文法や語法については，従来，正用と誤用を厳格に二分する研究が多かったが，コーパス研究の進展に伴い，両者は連続体に位置付けられるようになり，「言えるか言えないか」よりも，「どのような環境で何がどの程度どのように用いられるのか」という言語の「振る舞い」の解明に研究上の関心が向けられるようになっている。本章においても，こうした立場から，丁寧体否定文使用の実態を探っていく。

15.2 学習者による丁寧体否定文の使用

学習者の問題に入る前に，まずは，母語話者の状況を考えてみよう。そもそも，日本語の文否定は，普通体（常体）では 1 つの文型しか存在しないが，丁寧体（敬体）では 2 つの文型が存在する。

(1) 私はそれを知らない。
(2) 私はそれを知りません。
(3) 私はそれを知らないです。

ここで問題になるのは，動詞否定におけるマセン系とナイデス系の使い分

けの基準である。日本語母語話者には，通例，マセン系のほうが日本語として規範的に聞こえる。実際，小林ミナ（2019）は『みんなの日本語』を初めとする7種の入門用日本語教科書を調査した結果，丁寧体否定の初出文例がすべてマセン系であることを示し，母語話者は「マセン系のほうが，規範的，標準的である」という意識を持っているのではないかと指摘している。

　しかし，小林ミナ（2019）も指摘するように，実際の発話ではナイデス系の使用も多い。以下はI-JASの対話タスク中の母語話者の発話の一部である。

(4)　踊りはし<u>ないですね</u>ー　　　　　　　　　　　　　　（日本語母語話者：JJJ29）
(5)　あの本を読むっていうこともほとんどし<u>ないですし</u>ー

　　　　　　　　　　　　　　　　　　　　　　　　　　　（日本語母語話者：JJJ48）
(6)　［本を］書いたりはし<u>ないです</u>　　　　　　　　　（日本語母語話者：JJJ57）

　それぞれ，（4'）…しませんねー，（5'）…ほとんどしませんしー，（6'）…しません，と言うことも可能であったわけだが，実際にはナイデス系が選択されている。

　母語話者による2種類の丁寧体否定文の使用実態は先行研究でも広く調査されている。一般に，意識的な編集や加工がなされる書き言葉では規範形のマセン系が優先するとされる。マセン系の占有率は新聞では圧倒的に高く（田野村，1994），シナリオでも8割以上とされる（野田，2004）。さらに，「現代日本語書き言葉均衡コーパス」に収録された国会会議録・Yahoo! 知恵袋・書籍でもおよそ8～9割となっている（落合，2012；坂野，2012）。一方，無意識的な日常会話や自然談話では非規範的なナイデス系が6割を超えるとされる（小林，2005；野田，2004）。2つの形態の対立に関して，野田（2001）はナイデス系を「合理的な文法規則」の選択によるものとし，野田（2004）は現代日本語においてマセン系からナイデス系への「変化」が起こりつつある可能性を指摘している。

　現代日本語において，非規範的なナイデス系があえて選択される，いわゆる「ナイデスシフト」の背景には，様々な言語的条件があるとされる。以下は，川口（2010）による先行研究のまとめを元に，筆者が一部改変・追加したものである。

表 1　マセン系とナイデス系に関連する言語的特徴

観点	マセン系	ナイデス系
構文 (小林, 2005)	引用節内	引用節外
前接 (野田, 2004 他)	動作	状態 (形容詞・名詞・非存在表現・「できる」・「わかる」・している形)
後接 (田野村, 1994 他)	言い切り	終助詞・接続助詞
モダリティ (尾崎, 2004)	実行 (誘いかけ・意思・命令)	叙述
丁寧度 (福島・上原, 2004)	高い (会話冒頭部等)	低い (会話後続部等)
文型・機能 (川口, 2010)	否定疑問文 (勧誘・依頼文)：聞き手配慮	否定平叙文：否定の強い表明

　以上より，母語話者の言語産出では，様々な要因がトリガーとなって，ナイデス系の選択が起こることが示唆される。

　では，学習者は 2 種類の丁寧体否定文をどのように使い分けているのであろうか。川口 (2006) によるアンケート調査，金澤 (2007) による学習者コーパス調査によると，初中級者および教室習得者は規範形のマセン系を，上級者および自然習得者は非規範形のナイデス系を多用するとされる。川口 (2014) は，KY コーパス (4 種の習熟度段階の中国語・韓国語・英語母語話者に対する Oral Proficiency Interview 発話を収集) のデータを習熟度別にまとめて解析した結果，平叙文では，習熟度が上がるにつれてナイデス系の選択率が 11.9％から 30.2％まで増加すること，ナイデス系は当初は否定の意味で使用されているが，上級になると「かもしれないですねえ」等，モダリティ化した非否定の意味でも使用されるようになることを明らかにしている。

　以上で概観したように，母語話者および学習者による 2 つの丁寧体否定文の使用についてはすでに一定の目安が得られているわけだが，共通条件の下で，母語話者と学習者，また，様々な母語を持つ学習者を横断的に比較した研究は十分になされているとは言えない。そこで，以下では，I-JAS を用い，丁寧体否定文の使用実態を概観していくことにしたい。

15.3 調査の枠組み

15.3.1 目的とRQ

　本章の調査の目的は，母語話者および学習者が2つの丁寧体否定文のうち，いずれを多用するのか，各々をどのように使用しているのかを実証的に明らかにすることにある。その際，タスクタイプ（意識的な産出が行われやすいストーリーテリングタスクと無意識的な産出が行われやすい対話タスク），話者の属性（母語話者の年齢・性別，学習者の母語・習熟度等），前後の言語的文脈（前接要素・後接要素）の影響についても考察する。

　これらの目的に沿って，以下の3つの研究設問（research questions：RQ）を設定した。なお，なお，両形のいずれが多用されているかの議論においては，非規範形であるナイデス系出現頻度をマセン系・ナイデス系の総出現頻度で割ったナイデス系選択率（ナイデス率）に注目する。

RQ1：母語話者のナイデス率はどの程度か？　（母語話者ナイデス率）

RQ2：学習者のナイデス率はどの程度か？（学習者ナイデス率）

RQ3：母語話者と上級学習者のマセン系・ナイデス系の前接・後接要素に
　　　違いはあるか？（共起要素）

15.3.2 データ

　14章と同様，2019年11月10日時点において，国立国語研究所コーパス検索アプリケーション「中納言」（以下「中納言」）上で研究グループメンバーに限定公開されているデータを分析に使用した。一般公開時には修正と調整が加えられる予定であり，本章で示した結果と最終的なデータを用いて行う分析の結果は一致しない可能性がある。

　I-JASには複数のタスクデータが収録されているが，ここでは，対話タスクを中心に分析を行う。ただし，母語話者と学習者による両形使い分けを検討するRQ1とRQ2では，ストーリーテリングタスクとの比較も行う。ストーリーテリングは，絵を見て第3者の立場から物語を作って紹介するというもので，発話内容を意識的に統制している可能性が高い。一方，対話は打ち解けた雰囲気で行われるリアルタイムかつ双方向的な言語行為であり，発話は無意識的になされていると考えられる。先行研究に従えば，ストーリーテリ

ングでは規範的なマセン系が，対話では非規範的なナイデス系が出やすいのでないかと予測される。

　次に，発話者については，母語話者と，12種の母語を持つ海外学習者を調査対象とする。学習者の習熟度は，「J-CATスコア互換表」を基準として，Lev3_lower（J-CATの合計点が100–149），Lev3_upper（150–199），Lev2（200–249），Lev1（250-）の4段階に区分する。ここで言うLev3，Lev2，Lev1は，それぞれ，旧日本語能力試験（JLPT）のLevel 3 ～ Level 1と対応している。なお，初級学習者は丁寧体否定文に対する理解がそもそも十分でない可能性があるため，100点未満の学習者のデータは分析対象から除外する。

表2　分析対象の話者

母語	Lev3_l	Lev3_u	Lev2	Lev1	合計
中国語	2	30	75	93	200
英語	31	32	22	4	89
フランス語	17	28	3	1	49
ドイツ語	4	27	18	1	50
ハンガリー語	5	18	17	10	50
インドネシア語	8	26	15	0	49
韓国語	5	8	26	60	99
ロシア語	9	18	17	5	49
スペイン語	23	18	4	0	45
タイ語	1	17	24	8	50
トルコ語	8	21	9	2	40
ベトナム語	4	25	18	3	50
日本語	–	–	–	–	50

　分析対象としたのは表に示した870名である。ただし，RQ2については，はじめに中級後半に相当するLev2の学習者のみを分析し，その後，すべての学習者を対象に習熟度別の比較を行う。また，RQ3については上級学習者に対象を絞り，Lev1に一定数の学習者が存在する中国語・韓国語母語話者（と母語話者）のみを分析する。

15.3.3 分析手順

3つの研究設問に即して，以下，データ処理の手順を示す。

15.3.3.1 RQ1の調査方法

調査に先立ち，検索対象とする言語形式を定義する必要がある。先行研究には，名詞や形容詞に後続するナイデス系を分析対象に含むものや，逆に，「すみません」「ございません」「ありません」のように等位の対立形が存在しないもの（「すまないです」は意味が異なり，「*ござらないです」は存在せず，「ないです」は形容詞＋デスとなる）を除外するものもあるが，ここでは，試行的調査として，I-JASの品詞タグを利用し，「解析向けに加工した文字列」に含まれる「動詞＋ナイ＋デス」と「動詞＋マ＋セン」の形式に合致するもののみを調査対象とする。ナイデス部自体が過去形になったもの（ナカッタデス）は対象に含めないが，ナイデス・マセン部の外で時制や文タイプが変更されたもの（例：〜ナイデスか（疑問文），〜マセンでした（過去形））は対象に含める。

具体的手順としては，まず，「中納言」で以下のように検索対象語の指定を行う。下図中，［　］で示している箇所は分析者が指定する箇所であることを示す。

```
「動詞＋ませ＋ん」の指定
前方共起1 ［キー］から［2］語：［品詞］の［大分類］が［動詞］
前方共起2 ［キー］から［1］語：［書字形出現形］が［ませ］
キー      ［…］から［1］語：［書字形出現形］が［ん］

「動詞＋ない＋です」の指定
前方共起1 ［キー］から［2］語：［品詞］の［大分類］が［動詞］
前方共起2 ［キー］から［1］語：［書字形出現形］が［ない］
キー      ［…］から［1］語：［書字形出現形］が［です］
```

図1　検索対象語の入力方法

「中納言」のキー位置指定は，必要な場合にのみ，文頭または文末からのキーの出現位置を指定する仕組みであるため，今回は冒頭の［…］の部分を未指定にしておく。ゆえに，以降の［1］（この数字はデフォルトで入っている）は実際には意味を持たない。

次に，「中納言」の「言語環境・調査地およびタスク」設定画面で，2 種のストーリーテリング（ST1，ST2）と対話（I）を選ぶ（操作については 14.3.3 節参照）。

続いて，「話者」の項目が，「学習者（日本語母語話者を含む）の発話のみ検索」となっていることを確認の上，「検索する」ボタンを押し，結果表示後，「検索結果をダウンロードする」ボタンを押して検索結果を保存する。そして，ダウンロードした CSV ファイル（列ごとに区切られたテキストファイル）をExcel のシートに複写する。以後の作業の便宜のため，すべての話者によるマセン系用例とナイデス系用例を 1 つのシート上に貼り付けておく。

	A	B	C	D	E	F	G	H	I
1	サンプル	協力者	タスク	データセッ	連番	発話番号	話者	前文脈（解	キー（解
2	CCH03-I	CCH03	I	第四次デー	52940	4160	K	<K>も 時	です
3	CCH06-ST	CCH06	ST1	第四次デー	650	60	K	<K>パス	です
4	CCH07-I	CCH07	I	第四次デー	18200	1380	K	<K>、ん	です
5	CCH07-I	CCH07	I	第四次デー	24840	1900	K	<C>て な	です
6	CCH07-I	CCH07	I	第四次デー	40160	3040	K	<K>て、	です

図 2　作業用 Excel ファイル（一部）

抽出に先立ち，Excel の上部にある「データ」を選び，「並べ替えとフィルター」内の「フィルタ」を押して，フィルタボタンを追加しておく。その後，関係する列に，それぞれフィルタ条件を設定して必要な情報だけを抽出し，件数を記録する（フィルタボタンの使い方については 14.3.3 節参照）。

日本語母語話者のデータを抽出する場合は，母語（通例，W 列）で日本語を選ぶだけでよい。一方，学習者の場合は，複数のフィルタを組み合わせてほしい用例のみを表示させる必要がある。下記は，Lev3_lower レベルの中国語母語話者の対話でのマセン系使用例を抽出する場合のフィルタの設定である。

タスク（C 列）：I

調査地（V 列）：台湾，中国

母語（W 列）：中国語，中国語（台湾）

J-CAT（合計）（AE 列）：100 以上 149 以下

キー（I 列）：ん

図3　フィルタ設定の一例

その後，ナイデス系の出現頻度を，ナイデス系およびマセン系の総出現頻度で割って百分率化することで，ナイデス系選択率（ナイデス率）を計算する。ナイデス率が 50％ を超えればナイデス系のほうが多用されることを，50％ を下回ればマセン系のほうが多用されることを示す。

15.3.3.2　RQ2 の調査方法

RQ2 では，学習者グループごとに習熟度の分布に差があるため，はじめに，学習者数および用例数が多い Lev2 に限定して対話タスクおよびストーリーテリングタスクにおける両形の使用状況を概観する。その後，対話タスクに絞り，学習者グループごとに，4 つの習熟度レベルでナイデス率がどのように変化するか調査する。

15.3.3.3　RQ3 の調査方法

RQ3 では，Lev1 の中国語・韓国語母語話者および日本語母語話者による対話タスクでの産出データに絞って，マセン系・ナイデス系の出現環境を調査する。

両形の前接・後接文脈は，作業用 Excel ファイル内では，それぞれ「前文脈」「後文脈」（ともに「解析向けに加工した文字列」）としてキー列の左右に記録されている。

前文脈	キー	後文脈
\<C\> な｜さっ｜て｜る｜の｜？ #\<K\>｜ん－｜ん－｜，｜ん｜私｜は｜あまり｜－｜う｜，｜スポーツ｜を｜し－｜，｜（し）｜（ませ）｜	ん	｜が｜，｜ん－ #\<C\> 背｜が｜すごい｜高い｜から｜〈｜笑｜〉｜，｜バスケット｜いい｜です｜よ｜ね－ #\<K\> あ－｜ど｜バスケット｜全然｜でき
\<C\> て｜な｜い #\<K\> お，｜す #\<C\>｜で｜も #\<K\> あ，｜それ｜は｜，｜あ｜の｜，｜あん｜とても｜ん－｜一言｜で｜いえ｜（言え）｜（ない）｜	です	｜から｜｜笑｜ #\<C\> お－｜一言｜で｜言え｜ない｜はい｜いい｜です｜よ｜〈はい〉｜，｜はい｜，｜まあ｜それ｜は｜，｜あんまり

図 4　中国語母語話者の対話における発話の前後文脈（CCH07）

　上記を例にして言うと，ここで必要となる作業は，前文脈の末尾にある「ませ」「ない」の直前形態素（「し」と「言え」）と，後文脈の冒頭形態素（「が」と「から」）を抽出し，それぞれ集計することである。

　ここでは，Excel に新しい列を 2 つ作成し（「前文脈末尾」「後文脈冒頭」とする），right 関数（右端から n 字分を取り出す）と left 関数（左端から n 字分を取り出す）を用いて，前文脈の末尾 11 文字と後文脈の冒頭 4 文字を取り出すこととしたい（文字数にはカッコやセパレータ記号を含む）。前文脈の抽出文字数が多いのは，前文脈のみ，形態素を示す丸ガッコがあることと，2 形態素分を取り出さねばならないためである。なお，11 と 4 という数字は絶対的なものではなく，今回のデータから経験則で割り出した仮の目安である。データが変わればこれらの値も変わる。

　その後，さらに新しい列を 2 つ作成し（「前接形態素」「後接形態素」とする），上記で関数で取り出した文字列に手作業で修正を加えたものを記入していく。この際，「前文脈末尾」または「後文脈冒頭」の列を基準として全体を並べ替えれば同じものが固まって並ぶので検証と修正が行いやすい。後接に関して，直後にターン交替（#）が起こったり，句読点で切れていたり，新しい内容が始まったりして，文が切れているものについては手作業で「言い切り」というラベルを形態素の代わりに記入する。下記は作業中の Excel の一部である（太字の部分が追加した列）。

D	E	F	L	M	N	O
前文脈（解析向けに	キー（解析向	後文脈（解析向	前文脈末尾	後文脈冒頭	前節形態素	後接形態素
<C>どう|し|て|あ	です	#<C>あー|そう	て|(い)|(ない)|	#<C>	い	言い切り
<K>た|こと|が|あ	ん	#<C>あ、|食	(しれ)|(ませ)|	#<C>	しれ	言い切り
<K>、|んー#<C>●	です	#<C>あ|そう|●	(でき)|(ない)|	#<C>	でき	言い切り
<K>食べ|た|こと	ん	#<C>あー|そう	(わかり)|(ませ)|	#<C>	わかり	言い切り

図5　前接・後接形態素部分の抽出（CCH07）

　続いて，フィルタボタンで話者と形態（マセン系・ナイデス系）を指定した上で，該当するデータに含まれる「前節形態素」および「後節形態素」をそれぞれ新しいテキストファイルに書き出し，AntconcのWordlist機能で頻度を集計する（14.3.3.1節参照）。

　集計に際しては，話者グループごとにデータ量が異なるため，個々の形態素の出現頻度を当該系の使用総頻度で割って構成比に変換しておく。一例を示せば，韓国語母語話者のマセン系使用例は全252例で，前接形態素で最多の「あり」の頻度は48例である。この時，「あり」の構成比は19.0%（48/252）となる。なお，今回使用したデータには，形態素の表記ぶれ（例：分かり／わかり）が認められたので手作業で頻度を統合したが，最終公開版では，表記ぶれは修正される予定である。

　なお，14章と同様，本章の分析も試行的・探索的なものであるため，頻度データの議論において，統計的な有意性検定は実施しない。

15.4　結果と考察

15.4.1　RQ1：母語話者のナイデス率

　まず，タスク別に，母語話者のナイデス系選択率（ナイデス率）を調査したところ，以下の結果を得た。

表3　タスク別のナイデス率

	マセン	ナイデス	ナイデス率
対話	113	246	68.5
ストーリーテリング	61	0	0

　上記より，（1）対話においてはナイデス率が 7 割に近付き，マセン系より
ナイデス系のほうが一般的に使用されていること，しかし，（2）語り手の役
割を意識的に演じるストーリーテリングになるとナイデス系はまったく使用
されなくなることがわかった。予想以上に明瞭な結果が得られ，日本語母語
話者は意識においてはマセン系を標準としながら，実際にはナイデス系を
（多く）使うという先行研究の指摘が裏付けられたと言える。また，この知見
が，先行研究のように，異なるデータを組み合わせて得られたものではな
く，同一話者による異なるタスク産出データから直接的に取られていること
は重要である。I-JAS は，学習者研究だけでなく，日本語研究の資料として
も価値が高い。
　続いて，母語話者の両形使用における性別と属性の影響を確認する。ス
トーリーテリングタスクについてはマセン系の出現がゼロであったため，以
下は対話タスクだけの分析結果である。

表 4　対話タスクにおける性別・年代別ナイデス率

	男性			女性		
	マセン	ナイデス	ナイデス率	マセン	ナイデス	ナイデス率
20 代	6	34	85.0	6	21	77.8
30 代	28	42	60.0	16	40	71.4
40 代	17	44	72.1	12	33	73.3
50 代	15	21	58.3	13	11	45.8
平均	16.5	35.3	68.9	11.8	26.3	67.1

　まず，年代を平均して男女別のナイデス率に注目すると，男性は 68.9%，
女性は 67.1% であった。差は 2 ポイント未満で，男女間にはっきりした差
は確認できなかった。また，世代別に見ると，男性は（途中で増減の波はある
ものの）20 代から 50 代にかけて 27 ポイントの減少が見られた。女性の場合
はほぼ連続的に下がり，32 ポイントの減少が見られた。男女とも，年齢が
上昇することでナイデス率が下がる可能性が示された。
　マセン系が規範形で，ナイデス系が非規範形とされていることをふまえる
と，ナイデス率は話者の言語的な規範意識の強さと関係している可能性が高
い。今回のデータに基づくと，男女ともに，年齢が上がると，言語的な規範

意識が強まってナイデス系を使用しなくなり，むしろ規範形のマセン系を使用するようになることが示されたと言える。

15.4.2 RQ2：学習者のナイデス率

　はじめに，中級後半に相当する Lev2 レベル（J-CAT 合計点が 200–249 点）の学習者による 2 種のタスクでのナイデス系・マセン系使用状況を比較する。

表5　学習者のナイデス率

母語	対話			ストーリーテリング		
	マセン	ナイデス	ナイデス率	マセン	ナイデス	ナイデス率
中国語	809	67	7.6	85	11	11.5
英語	236	34	12.6	20	0	0
フランス語	22	4	15.4	3	1	25.0
ドイツ語	248	11	4.2	19	0	0
ハンガリー語	201	7	3.4	26	0	0
インドネシア語	157	2	1.3	33	0	0
韓国語	128	25	16.3	15	0	0
ロシア語	307	10	3.2	32	0	0
スペイン語	102	0	0	6	0	0
タイ語	292	57	16.3	36	1	2.7
トルコ語	159	10	5.9	13	0	0
ベトナム語	218	18	7.6	29	0	0
平均	---	---	7.8	---	---	3.3

　12 種の学習者グループの平均値（最下段）に注目すると，ナイデス率は対話タスクでは 7.8 ％，ストーリーテリングタスクでは 3.3 ％となっていた。これにより，(1) 母語話者がナイデス系を多用していた対話タスクでもナイデス系がほとんど使用されないこと，(2) 母語話者がナイデス系をまったく使用しないストーリーテリングタスクでもいくらかナイデス系が使用される場合があること等が確認された。日本語母語話者は，意識的なストーリーテリングではナイデス系を回避し，無意識的な対話タスクではナイデス系を多用するという顕著な傾向性を持つわけだが，この傾向は中級後半の学習者に

は認められなかった。

　次に，両形の使用量が多い対話タスクに限って母語別に比較すると，英語（12.6％），フランス語（15.4％），韓国語（16.3％），タイ語（16.3％）を母語とする学習者のナイデス率が他の学習者より相対的に高いことが示された。

　こうした場合，通例，母語の影響を考えるわけであるが，英語（not），フランス語（ne…pas），韓国語（안（アン）／지다（チアンタ）），タイ語（ไม่（マイ））の否定形式に関して日本語の丁寧体否定のような二重性は存在しない（韓国語には 2 つの否定形式があるが，これらは文中の位置によって選択が決まる）。この点をふまえると，こうした学習者のナイデス率が他よりいくぶん高かったのは，母語影響によるものではなく，日本語，とくに，日本語母語話者のくだけた自然発話への接触頻度の高さに起因するものと考えられる。

　では，習熟度が変わればナイデス率はどう変化するのであろうか。同じく対話タスクのデータを用い，母語話者グループごとに，習熟度別の概観を行ったところ，図 6 の結果を得た。なお，タイ語の Lev1 はナイデス率が 51％となってグラフの範囲を超えるため，図には記載されていない。

　12 種の学習者グループのうち，4 グループにおいて 4 レベル間での一貫した増加が確認された（中国語：0.0 → 6.7 → 7.6 → 10.4 ／ドイツ語：0.0 → 2.1 → 4.2 → 6.5 ／ロシア語：0.0 → 1.9 → 3.2 → 27.1 ／タイ語：0.0 → 4.6 → 16.3 → 51.9）。また，2 グループは，Lev3 の lower と upper 間で微減するものの，それを除くと一貫して増加していた（英語：2.8 → 2.5 → 12.6 → 23.7 ／ハンガリー語：1.8 → 1.7 → 3.4 → 5.1）。

　これらの 6 グループについてレベル間での増加率を概観すると，Lev3_lower から Lev2 までは緩やかな増加だが，Lev2 と Lev1 の間で大きく増加することが確認された。母語話者のナイデスシフトに繋がる丁寧体否定文使用は，学習の相当高い段階にきて，おそらくは母語話者の自然発話への接触を十分に持つことで，初めて起こる現象と考えてよさそうである。もっとも，Lev1 であっても，タイ語母語話者（51.9％）を除けば，母語話者のように，ナイデス系の使用がマセン系を上回るというところまでは至っていない。ロシア語母語話者と英語母語話者が 20％台，中国語母語話者が 10％台で，後は 10％未満である。

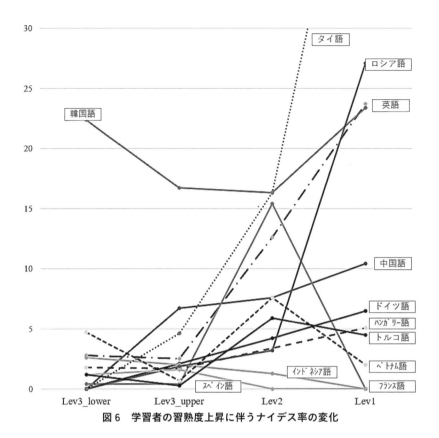

図6　学習者の習熟度上昇に伴うナイデス率の変化

　一方，残りのグループは，Lev3からかなりのナイデス系使用が認められ
るものの，それ以上は増加しない韓国語母語話者（22.4 → 16.7 → 16.3 → 23.4）
と，一貫してナイデス系がほとんど使用されない他の5グループ（フランス
語・インドネシア語・スペイン語・トルコ語・ベトナム語母語話者）に分けられる。
韓国語母語話者の場合は，地理的な近接性もあり，海外学習者であっても，
初級の段階から母語話者の自然発話に触れる機会があったのではないかと推
定されるが，学習段階が進むにつれてナイデス系がそれ以上増えていくわけ
ではない。また，その他の5グループについては規範的な教科書での学習
が中心で，母語話者の自然な対話に接触する機会が不足していたため，習熟
度が上がってもナイデスシフトが起こっていないのではないかと想像され

る。

　以上より，いくつかの例外はあるものの，海外学習者であっても，習熟度
の上昇に伴い，ナイデス率がある程度上昇する可能性が確認された。

15.4.3　RQ3：共起要素

　対話タスクに限定し，Lev1 の中国語・韓国語母語話者と日本語母語話者
によるマセン系とナイデス系の使用状況を調査したところ，以下の結果を得
た。なお，マセン系の用例数は，中国語母語話者 972 例，韓国語母語話者
252 例，日本語母語話者 113 例，ナイデス系の用例数は中国語母語話者 112
例，韓国語母語話者 77 例，日本語母語話者 246 例であった。以下は構成比
が 5％以上のものを示している。下線を付した語は，母語話者と学習者間で
共通していることを示す。

表 6　前接要素（構成比 5％以上）

L1	マセン	ナイデス
中国語	あり (25.1) ／ い (13.8) ／わかり (9.9) ／しれ (7.8) ／すい・すみ (10.3) ／し (5.3)	わから・わかん (26.9) ／し (12.5) ／い (6.3) ／なら (5.4)
韓国語	あり (19.0) ／わかり (17.5) ／しれ (15.9) ／い (8.7) ／でき (6.3) ／すい (5.2)	わから・わかん (24.7) ／し (13) ／しれ (11.7) ／でき (5.2) ／知ら (5.2)
日本語	すい・すみ (43.4) ／しれ (24.8) ／わかり (5.3)	しれ (30.1) ／わかん・わから (25.0)

　はじめに，日本語母語話者に注目すると，(1) 両形とも高頻度前節要素の
すべてが談話における決まり文句的な応答辞である「すみません」「(〜か
も) しれません／しれないです」「わかりません／わからないです」の一部
であること，(2)「すみません」を除き，マセン系とナイデス系の間に前節
要素の差はほとんど存在しないこと，(3) 3 種の応答辞の合計構成比はマセ
ン系が 73.5％，ナイデス系が 55.6％で，ナイデス系のほうがその他の要素
との結合例が多いこと，(4) マセン系・ナイデス系のいずれにおいても音便
化（イ音便：「すいません」／促音便：「わかんないです」）が起こること等が確認
された。

　一方，学習者について言うと，応答辞の一部をなす 3 つの前節要素はともに高頻度で使用されていたが，その占有率はマセン系では中国語話者が 28%，韓国語母語話者が 38.6%，ナイデス系では中国語母語話者が 26.9%，韓国語母語話者が 36.4% で，いずれも母語話者より著しく低かった。母語話者の言語使用が高度にチャンク (chunk) 的かつ慣用連語 (phraseology) 的であり，こうした慣習的言語使用パターンの習得が L2 学習の共通課題であるのはしばしば指摘される通りであるが (Nattinger & De Carrio, 1992)，学習者の丁寧体否定文使用についてもチャンク的な応答辞の使用度が低くなっているようである。

　一方，中国語・韓国語母語話者が共通して多用していた前節要素として，マセン系では「あり」と「い」，ナイデス系では「し」が認められた。

(7)　その時，時行ってい行ってた時は見た事が<u>ありません</u>…

（中国語母語話者：CCH11）

(8)　まあ今は降って<u>いません</u>…　　　　　　（韓国語母語話者：KKD21）

(9)　…そうゆうのは普通<u>しません</u>ね…　　　（韓国語母語話者：KKD21）

　学習者は，ナイデス系とマセン系を，とくに応答辞に限定せず，幅広く様々な動詞と連結させて使用していることがわかる。

　続いて後節要素に注目する。

表 7　後接要素（構成比 5% 以上）

L1	マセン	ナイデス
中国語	<u>言い切り</u>（64.3）／<u>でし</u>［た］（11.0）	<u>言い切り</u>（68.8）／<u>ね</u>（ー）（8.0）／<u>け</u>（ど）（7.1）／<u>よ</u>（ね／ー）（5.4）
韓国語	<u>言い切り</u>（50.4）／<u>けど</u>（13.1）／<u>ね</u>（9.1）／<u>が</u>（ー）（7.1）／<u>です</u>（けど／ね／から）（7.1）／<u>でし</u>［た］（6.3）	<u>言い切り</u>（36.4）／<u>ね</u>（ー）（27.3）／<u>けど</u>（19.5）
日本語	<u>言い切り</u>（59.3）／<u>が</u>（13.3）／<u>け</u>（れ）<u>ど</u>（ー）（9.7）／<u>でし</u>［た］（5.3）	<u>ね</u>（ー）（39.0）／<u>け</u>（れ）<u>ど</u>（ー）（33.3）／<u>言い切り</u>（17.1）

　日本語母語話者に注目すると，(1) 両形とも高頻度表現型の大半が言い切り型と助詞付随型であること，(2) ただし言い切り型の構成比はマセン系が59.3％であるのに対してナイデス系は17.1％にとどまること，(3) ナイデス系にのみ話し手への相手配慮を示す「ね」が多用されること等が確認された。このうち，(2) と (3) は「マセン系＝言い切り／ナイデス系＝助詞付加」（田野村，1994）という先行研究の知見とも符合する。

　以上をまとめると，マセン系は主として言い切りで用いるのに対し，ナイデス系は助詞や逆接接続詞で相手への関与を深めたり，自身の主張を緩和して相手への配慮を示したりすることが一般的であると言える。

　マセン系はそれ自身で丁寧な表現であるが（福島・上原，2004），後部要素をつなげにくいため，時として，相手を突き放したような印象を与えかねない。これに対し，ナイデス系は単独で考えれば丁寧性が劣るものの，多様な後節要素をつなげ，相手や陳述内容と自身の距離感を細かく調整することができる。

(10)　他はーあんまりわからないですね…　　　　　（日本語母語話者：JJJ01）
(11)　…まあ時間があればお金を稼げるのかもしれないですけどね ｛笑｝
　　　　　　　　　　　　　　　　　　　　　　　（日本語母語話者：JJJ08）

これらを (10') 「〜わかりません。」や (11') 「〜かもしれません。」といったマセン系の言い切りと比較すると，ナイデス系のほうが文末が和らげられ，相手への配慮が強調されていることがわかるだろう。いずれの場合も，話者は，ネガティブポライトネス（距離をとって相手を立てる）のマーカーである「です」で終わらず，その後に，さらにポジティブポライトネス（距離を詰めて親密さを演出する）のマーカーである「ね」を組み合わせることで，発話がよそよそしいものにならないよう調整していると考えられる。

　日本語におけるナイデスシフトの背景としては，名詞・形容詞・動詞のすべてを否定文化できるナイデス系の選択がより「合理的」であることが指摘されているわけだが（野田，2001），これに加え，言い切りを主とするマセン系よりも，助詞を付随させやすいナイデス系のほうが，様々な談話環境に応じて細かいポライトネスコントロールができるという事情があるのではない

かと推定される。

　なお，ナイデス系と助詞の接続に関して，今回の分析対象には含まれないが，「ナイ」の後でいったん文を切り，「デス」以下を新たに続ける事例が少なからず認められた（これらは学習者にはほとんど見られない）。

(12)　昨日はーそうですね，特に，<u>ない，ですね</u>，まあいつも通りの…

（日本語母語話者：JJJ01）

(13)　好きだった先生ええあんまり，特には，<u>ない，ですね</u>…

（日本語母語話者：JJJ18）

　母語話者が本来は一体であるべきナイデスの中途で文を切り，少しポーズを置いて，「デス」＋助詞部分を独立した文要素のように話す場合があることは，ナイデス系を選択した場合に，後節助詞に語用論的強調が置かれている可能性を示唆する。

　一方，学習者について言うと，母語話者の高頻度後節要素は学習者にも概ね共通していたが，(1)中国語母語話者はマセン系＋逆接接続詞の表現型をほとんど使用していないこと，(2)韓国語母語話者はマセン系＋デスという独自の表現型を多用すること，(3)ナイデス系については中国語・韓国語母語話者ともに母語話者に比べて「ね」が少なく，言い切り形が多いこと等が確認された。

　すでに述べたように，母語話者はマセン系を言い切りで用い，ナイデス系を付加要素とともに使用することが多いわけであるが，学習者はこれとは逆に，マセン系の後にさらに丁寧性を示す助動詞「デス」を付加させたり，ナイデス系を言い切りで使用したりする例が多い。

(14)　でも自分でも，こう，うまくやったっていうそれはよく<u>わかりません</u>
<u>です</u>…

（韓国語母語話者：KKD02）

(15)　できますーが，お金で時間を買うことは<u>できませんですから</u>…

（韓国語母語話者：KKD40）

(16)　…小さい時は母に言われて…このようなことはしなければ<u>ならないで</u>
<u>す</u>…

（中国語母語話者：CCH17）

(17)　無駄に，過ごしてたけど，お金がないから何もできない<u>です</u>…

（韓国語母語話者：KKR54）

　（14）や（15）は，一種の二重丁寧形になっており，日本語としてはかなり不自然である。また，（16）や（17）において，学習者の発話はネガティブポライトネスの要件は満たしているが，相手を巻き込むようなポジティブポライトネスの要素が希薄で，結果として，いくぶん一方的なニュアンスが生じている。これらの用例は，上級学習者ではあっても，「言い切りのマセン系と要素付加のナイデス系」という母語話者の丁寧体否定文の選択システムを正しく理解できていない場合が多いことを例証する。

15.5　まとめ

　本章では，前章に引き続き，調査対象をあらかじめ絞り，ミクロ的視点からデータ分析する研究アプローチの実践例として，I-JAS の発話データにおける丁寧体否定文の使用状況を検討した。1 節で全体の概観を示し，2 節で問題の概要を論じた後，3 節では研究の枠組みや，具体的な調査の手順について紹介を行った。

　4 節では，データ分析の結果をふまえ，以下の知見を得た。まず，RQ1（母語話者ナイデス率）については，対話タスクではナイデス率が約 7 割になるが，語り手の役割を意識的に演じるストーリーテリングタスクではナイデスの用例が皆無であること，男女差はないこと，年代については若者のほうがナイデス率が高いこと等がわかった。

　次に，RQ2（学習者ナイデス率）については，母語話者の対話におけるナイデス率が過半を超えたのに対し，学習者は平均 8％弱であること，はっきりした母語影響はないこと，例外はあるものの習熟度が上がるとナイデス率が上昇する場合が多いこと等がわかった。

　最後に，RQ3（共起要素）の前接要素については，母語話者が両形の 6〜7 割を決まり文句の一部として使用する一方，学習者はそれらを幅広い動詞と共起させることが，また，後接要素については，母語話者がマセン系を言い切りで，ナイデス系を助詞・接続詞と組み合わせて使用するのに対し，学習者はマセン系に助動詞を付加させたり，ナイデス系を言い切りで使ったりすること等がわかった。

　以上の分析により，マセン系とナイデス系の使い分けに関して，多くの興味深い知見が得られた。こうした知見は，今後，日本語教育の改善に活用できると思われるが，14 章と同じく，本章の分析もまた，I-JAS の一部のデータを使用した試行的なものであるため，知見の妥当性についてはさらなる検証が必要である。

第 16 章

総括と展望

16.1　はじめに

　本書では，これまで第1部 (第1～第5章) において，I-JAS の構築理念と構築過程を紹介し，第2部 (第6～第8章) では，I-JAS の参加者属性や言語産出の量的プロフィールを示した。さらに，第3部 (第9～第11章) では，国立国語研究所コーパス検索アプリケーション「中納言」上での I-JAS の検索方法や，コーパスから得られた頻度データの扱いについて解説した。そして，第4部のこれまでの章 (第12～第15章) では，コーパスの全文解析によってテキスト特性を大きく捉えるマクロ的視点と，調査対象を絞ってコーパスを細かく分析するミクロ的視点によって，I-JAS に含まれる作文データと発話データを用いた研究の実践例を紹介してきた。

　本書の最終章となる第16章では，4つの関連研究分野から I-JAS をどのように利用できるか，これからの研究の発展にどのように生かせる可能性があるかなどについて述べたい。言わば「外からの視点」で I-JAS を見つめ直すことによって，その性質と今後の展望がより鮮明になると考えるからである。

　まず，2節では「日本語教育・第二言語習得研究」の観点から，学習者コーパスによって学習者の学び方を知ることが日々の日本語授業に繋がることを述べる。3節では「縦断研究」の観点から，中国の大学1年から4年までの日本語学習者の縦断データ (B-JAS) と横断コーパスである I-JAS の比較研究の意義について述べる。4節では「計量言語学」の観点から，「計量言語学」という研究領域について解説し，I-JAS のような大規模データの分析には「計量言語学」の知見が不可欠であることを述べる。最後に，5節では「世界の学習者コーパス研究」の観点から，内外の学習者コーパス開発の歴

史を振り返り，I-JAS の意義と役割について述べる。

16.2　日本語教育・第二言語習得研究の観点から

　本節では，日本語の第二言語習得研究と日本語教育の観点から I-JAS の意義について検討し，今後の活用について展望する。

16.2.1　第二言語習得研究の深化と拡大

　I-JAS の構築の背景には，第二言語習得の主要な課題の中から「母語の影響」と「環境の影響」について研究を深めたいというニーズがあった。母語の影響を検討するためには，従来の研究のように 1 つの言語の母語話者のデータだけでは，結論を出すのは難しい。そこで，2 言語や 3 言語を比べようとするが，1 人の研究者だけではデータ収集が困難であったり，同じ語系のデータでは比較できないなどの問題が多かった。そこで，言語類型論の分類を考慮して，異なる言語類型の母語話者を対象としたコーパスを目指し，データ収集を開始した。

　そのことによって，より広い範囲の言語類型の母語話者の日本語学習者のデータが収集でき，母語の影響について論じることが可能となった。また，単一の母語だけでなく，類型論による言語グループをまとめて 1 つの要因として分析することもできるし，これまで研究対象として取り上げられなかった言語の母語話者のデータも収められているため，日本語の習得研究の深化が期待できる。

　また，環境要因については，すでに教室環境と自然環境の学習者の習得の違いに関する多くの研究が行われている。I-JAS においても，日本国内の教室環境と自然環境の学習者のデータがあり，指導の影響について検討できる。さらに，母語を特定し，海外の教室環境学習者と国内の教室環境学習者を比較することで目標言語圏でのインプットの影響について検討することが可能となり，環境要因の研究がさらに深まることが期待できる。

　さらに，7 種のタスクのデータがあることにより，文法項目のみならず，「依頼」や「断り」などの社会言語学や語用論の習得研究にも活用範囲が広がる。また，同じ題材で話す場合（ストーリーテリング）と書く場合（ストーリーライティング）があり，これらのデータを比較することで，1 人の学習者

内の言語バリエーションの研究ができる。さらに，書く場合には話す場合に比べて時間の余裕があることから，習得に対する時間（planning）の影響などの研究にも利用でき，研究範囲の拡大に繋がる。音声データも公開されており，様々な研究領域で利用されることが期待でき，研究のタネを見つけるための材料としても有効に利用できると考える。

16.2.2　日本語教育の実践への応用

　I-JAS は，日本語教育の現場にとっても重要な意味を持つと考える。それは，日本語教師は，I-JAS に含まれる日本語学習者のデータから多くのことが学べるからである。教育において重要なことの 1 つは，「学習者を知る」ことである。教師が「学習者は必ずしも教師が教えたとおりに学んでいるとは限らない」「頭でわかることと実際に使うことは，技能が異なっている」「誤用は母語の影響だけではない」など，学習者の学び方について理解しておくことは，教える上で重要である。

　これらのことがらは，これまでの習得研究で明らかになったことであり，その背景には様々なデータやコーパスが利用されている。

　たとえば，「学習者は教師が教えたとおりに学んでいるとは限らない」という考え方の背景には，学習者独自の言語体系，つまり中間言語のルールの存在がある。迫田（2001）は，複数の言語データから日本語の場所を表す「に」「で」の使い分けに，学習者が前接する名詞との固まりで覚えている可能性を指摘し，母語の違いにかかわらず，学習者は「上・中」などの位置を表す名詞には「に」が多用され，「大学・地名」などの場所を表す名詞には「で」が多用されることを示した。つまり，「〜の上に」や「東京で」のような固まりで処理している可能性があると述べた。

　この現象の原因の 1 つとして，教科書でそのような組み合わせの用例が多いこと，穴埋めテストでは助詞の部分だけを空白にするケースが多いことが考えられる。そこで，助詞を教える場合には，(1) のように動詞だけを選ばせるのではなく，(2) や (3) のように助詞に注目して後方の正しい動詞を選ばせるようなテストや練習をすると，動詞が助詞との関係で選択されることがわかる。

（1）　　昨日，図書館で　3時間　{ いました・勉強しました }。
（2）　　両親はソウルに　{ 住んでいます・仕事をしています }。
（3）　　映画館の前で　{ 広場があります・友だちと会いました }。

　このように，コーパスのデータを見ることで学習者の誤用傾向を理解し，日々の授業に役立てることができる。また，日本語教員の養成プログラムの授業などでは，I-JAS のデータを見せたり，聞かせたりすることで学習者の実態や傾向を知ることができ，教育実習の前などの準備として役立てることもできるのではないだろうか。

16.2.3　I-JAS への期待
　以上，習得研究と日本語教育の面から I-JAS の意義と活用について述べてきた。I-JAS には，発話データだけでなく，同時に作文データもある。同じ学習者が話す場合と書いた場合ではどう違うのか，ロールプレイなどの対人での言語使用はどうかなど，I-JAS は研究材料の宝の山である。
　I-JAS のデータが日本語の第二言語習得研究や日本語教育の指導のさらなる発展に寄与することを期待したい。

16.3　縦断研究の観点から
　現在公開されている日本語学習者のコーパスは，I-JAS を除くと，発話データが少なく，データに基づく実証的な研究が難しい状況にある。一方，I-JAS は，大規模なコーパスではあるものの，横断調査のデータである以上，学習者の習得や発達の過程を特定することには限界があると思われる。
　提示された習得や発達過程がなぜ，そのような過程を経るのかについての考察を十分に行うには，縦断調査のデータが必要である。本節では，本節著者が開発した縦断コーパス（B-JAS）の内容を紹介しながら，縦断研究から見た I-JAS の存在意義について考えてみたい。

16.3.1　B-JAS とはなにか？
　B-JAS とは，北京中国語母語日本語学習者縦断コーパス（Beijing corpus of Japanese as a Second language）のことで，中国語を母語とする日本語ゼロレベ

ルからの学習者の話し言葉や書き言葉を年に 2 回縦断的に収集して，電子
化した言語資料のことである。

　B-JAS の構築には，共同研究プロジェクト：「日本語学習者のコミュニ
ケーションの多角的解明」，科学研究費プロジェクト「中国人日本語学習者
の言語習得過程の実証的研究と教育的資源の提供」（18K00731（基盤研究 C：
2018 〜 2021））および「基礎教育を保障する社会の基盤となる日本語リテラ
シー調査の開発に向けた学際的研究」（19H00627（基盤研究 A：2019 〜 2023））
等が関わっている。

　B-JAS の研究及び縦断コーパス構築の発端は，2014 年 6 月に北京日本学
研究センターと国立国語研究所が，学術交流合意書を締結したことに始ま
る。この両者の研究連携は，やがて，北京師範大学の協力も得ながら，三者
連携・協働の共同研究となり，国立国語研究所の日本語教育研究領域が責任
を持ち，毎年定期的に研究交流を重ねてきた。中国の大学の日本語学科で日
本語を学習する大学生 17 〜 18 名に対して，約 4 年間の追跡調査を行い，
言語習得過程の変容を追ってきたものである。この縦断調査で収集したデー
タに基づいて学習者コーパスを構築し，国内外の研究者へのデータの公開と
活用方法の提供を目指している。換言すれば，日本語教育や日本語の第二言
語習得研究において，データに基づく実証的な研究に貢献できるような縦断
コーパスの構築を目指してきた。具体的には，I-JAS の調査項目や調査方法
を踏襲しており，「学習者の詳細な背景情報」「統一した客観テスト（2 種類：
J-CAT, SPOT）」，そして，豊富なバリエーションの課題（7 種類）を通して，
その中での「対話」の音声データや「作文」「エッセイ」などのデータを収
集，整備してきている。

16.3.2　B-JAS の特徴：これまでの発話コーパスの抱えた課題を踏まえて

　I-JAS 以前の日本語学習者の発話コーパスやデータベースは，横断では
「KY コーパス」「日本語学習者会話 DB」「BTSJ」「上村コーパス」「発話対照
DB」が，縦断では「日本語学習者会話 DB 縦断調査編」「LARP at SCU」
「C-JAS」があり，合わせて，8 種類のものが構築，提供されている。

　しかしながら，(1) 母語別・学習環境別が少なく，データに言語の偏りが
ある，(2) 学習者の背景情報が不足している，または詳細ではない，(3) レ

ベル判定が，日本語能力の客観テストとしては不十分，（4）タスクのバリエーションが乏しい，（5）同一の学習者による発話と作文を備えたデータが少ない，（6）検索システムを備えたものが少ない等の課題を抱えていた（迫田ほか，2016a；迫田ほか，2016b）。

　B-JASの場合，これらの課題の（1）を除き，（2）〜（6）の課題をクリアしたものである。また，学生の習得過程のデータを定期的かつ組織的に収集したものであり，これまで個人で収集されてきた縦断調査のデータとも，実質的には作文データのみである台湾・東呉大学のもの（組織的に収集された唯一の既存の学習者コーパス）とも一線を画している。

16.3.3　I-JASへの期待

　日本語学習者のある誤用において，それが「母語の影響なのか，学習者に共通した現象なのかの峻別」は横断データを収集したI-JASの強みだと思われるが，一方，縦断データを収集したB-JASの強みは，時間的な変化の影響をみることである。具体的には，約4年間この縦断調査に協力してくれた学習者の「学習時間の経過にそって，彼らの日本語がどのように発達，変化していくのかを明確に分析，提示すること」が可能になってくる。

　また，I-JASと同様，客観テストの結果を生かすことで，ある言語要素の習得や誤用の傾向と，日本語能力の相関を見られるようになるであろう。

　そして，B-JASは，先述通り，I-JASの調査項目や調査方法を踏襲しており，その意味で，I-JASとの併用で，横断データ（迫田ほか，2016a；迫田ほか，2016b 等）と縦断データ（野山，2015；野山ほか，2016 等）との比較考察やクロスマッチの研究環境が徐々に整備されてゆくことになる。

　なお，この縦断データの収集は2019年の5月の調査で終了しており，その終了を記念して，10月に公開シンポジウムが開催された（www.ninjal.ac.jp/event/specialists/symposium/20191020_intlsympo）が，その際にも，曹（2019）など，クロスマッチの研究発表が行われた。今後はこのように，I-JASとの比較による研究の拡充も含めて，ますますの発展が期待されよう。

16.4　計量言語研究の観点から
16.4.1　計量言語学とはなにか？

　言葉が持つ数理的な性質を，統計的手法や確率論的モデルを用いて，研究する領域として計量言語学（Quantitative Linguistics）という分野がある（計量国語学会（編），2009）。計量言語学では，実際の言語現象をボトムアップ的に見ていくため，帰納的手法が取られている。計量言語学の古典的な手法としては，文字や形態素といった何らかの単位を用いて数えるという方法が用いられており，言語単位を数えるという行為の礎を作ってきた（伊藤，2002）。そして，この数量データについてより深い考察のため，推測統計や多変量解析のような手法が用いられ，近年はテキストマイニングという形でテキストデータを扱うための方法論を提案している（小林雄一郎，2019）。

　さて，本書で取り上げてきた I-JAS は学習者コーパスとしては，かつてない大規模なデータである。こうした大規模性は，研究結果の信頼性を考える上で，重要な要素である。個人単位で集めた小規模のデータの場合，サンプルサイズが小さいが故に，データを変えた場合，結果が変わる可能性が高く，科学研究としての信頼性という意味では，改善を要する点である。それに対して，大規模なデータに基づいて考察を行った場合，その結果は，相対的に信頼性が高いと言える。このように大規模なデータを用いることは，科学研究における信頼性の面で大きなメリットになるが，その一方で，サンプルサイズが大きくなるにつれ，目視で分析をし，一般化をするのが難しくなる。大規模なサンプルを分析するためには，量的分析モデルが必要になり，計量言語学の知見は不可欠なものになる。つまり，大規模なデータが持つ科学的価値を十分にいかすためには，計量言語学の知見や手法は，不可欠なものになるのである。こういうふうに考えると，大規模な学習者コーパスの研究と計量言語学は，コインの裏表のような関係であると言えよう。

16.4.2　計量言語学と日本語教育

　日本における計量言語学のコミュニティとして，計量国語学会がある（www.math-ling.org/）。設立してから 50 年以上の歴史を持つ学会であり，『計量国語学』という機関誌をとおして多くの研究成果を発信してきた。その意味で，日本における計量言語学的研究の主導者的役割を担ってきたと言え

る。この『計量国語学』は 1957 年 5 月に第 1 号が刊行されてから語彙論，文体論，文法研究，方言研究，社会言語学的研究，言語意識など，多岐にわたる研究を公開してきており，論文数だけでも 1,000 を超える。

　ところで，上記の『計量国語学』の中で日本語教育や第二言語習得に関する研究はどの程度，収録されているのだろうか。このことを調べるべく，タイトル一覧とキーワード集から「日本語教育」「第二言語習得」で検索をかけてみた。

　その結果，2002 年 3 月に発表された村田年氏による「論理展開を支える機能語句—接続語句，助詞相当句による文章のジャンル判別を通じて」において，「専門日本語教育」というキーワードが出ており，日本語教育の研究としてはこれが初めての論文である (iss.ndl.go.jp/books/R000000004- I6105565-00)。

　その後，2019 年までのデータを調べても，合計で 10 本に満たない。これには，複数の要因があると考えられるが，最大の要因は，日本語教育や第二言語習得分野で活用できる大規模なコーパスがなかったことであろう。計量言語学の研究において，大規模なコーパスはもっとも基礎的な基礎資料である。

16.4.3　I-JAS への期待

　以上で見てきたように，計量言語学の分野で日本語教育の研究がほとんど出現しなかった理由の 1 つとして，大規模なデータの不在が挙げられるのであれば，I-JAS が果たすべき役割はきわめて大きいと言える。

　I-JAS の強みである大規模性をいかした研究をするためには計量言語学的手法は非常に有効であり，今後，I-JAS には，計量言語学と日本語教育の橋渡しとしての役割が大いに期待できる。

16.5　世界の学習者コーパス研究の観点から

　L2 学習者が抱える様々な習得上の問題について具体的な援助を行うためには，学習者の L2 運用の実態を丁寧に観察する必要がある。この基本的な考え方を元に作られるのが学習者コーパスである。本節では，英語学習者コーパスと日本語学習者コーパス開発の歴史を紐解きながら，これからの日本語学習者コーパス研究における I-JAS の意義について考えてみたい。

16.5.1　主要な英語学習者コーパスの開発小史

　1990 年代から，ベルギーのルーヴァンカトリック大学の Sylviane Granger 氏らによって，欧州圏の大学生の作文を集める国際プロジェクトが開始され，1998 年には論文集 (Granger (編)，1998) が刊行され，2002 年には収集したデータを収録した International Corpus of Learner English (ICLE) が一般公開された。また，2010 年には，同じ研究チームによって，学習者の OPI 型インタビュー発話を集めた Louvain International Database of Spoken English Interlanguage (LINDSEI) が公開された。欧米の学習者コーパス研究では，Granger 氏が ICLE 開発に着手した 1991 年を研究の起源と見ることが多く，2011 年に欧州で開催された国際学習者コーパス学会の創設大会 (LCR2011) のテーマも Twenty Years of Learner Corpus Research. Looking Back, Moving Ahead であった。

　こうした背景もあり，英語学習者コーパス研究の対象は，当初は欧州圏の学習者に偏っていた。この現状に一石を投じるべく，本節著者は 2007 年頃から ICLE/LINDSEI に比肩しうる大型のアジア圏国際英語学習者コーパス International Corpus Network of Asian Learners of English (ICNALE) の開発を開始し，2013 年にはアジア圏 10 ヵ国・地域の大学生の作文を集めた Written Essays Module が，2016 年にはモノローグ発話を集めた Spoken Monologue Module が，2018 年には学生のオリジナル作文と校閲済み作文を並行的に収集した Edited Essays Module が公開され，2020 年には OPI 型インタビュー発話を集めた Spoken Dialogue Module の公開が予定されている。この間のプロジェクトの参加者数は延べ 4,500 名以上で，集めたデータ量は 350 万語以上に上る (石川, 2019a)。

　こうした大型の横断コーパス (様々な学習者のデータを同時並行的に収集する) の公開により，英語学習者については，書き言葉・話し言葉共に，一定量の学習者の産出データを根拠として L2 運用の実態を探ることが可能になった。また，コーパスの開発と並行して，学習者と母語話者間，母語を異にする学習者間で比較を行い，特定の学習者による過剰使用や過少使用を抽出する対照中間言語分析 (Contrastive Interlanguage Analysis：CIA) という分析手法も確立した。

16.5.2 主要な日本語学習者コーパスの開発小史

　一方，日本語学習者コーパスは，こうした海外の動きとは別個に独自の発展を遂げてきた。たとえば，寺村 (1990) は，ICLE に 10 年以上も先行して，先駆的な学習者誤用用例データベースを構築していた。これは 2011 年に国立国語研究所によって電子データとして再公開された。宇佐美 (2006) もまた，ICLE に先立ち，大規模な国際日本語学習者コーパスを公開している。宇佐美氏のコーパスは，学習者の手書きの作文を PDF で公開したり，学習者の母語で同じ内容を書かせたりする等，ICLE にない様々な独自の工夫が凝らされたものであった。また，1999 年には，LINDSEI に 10 年以上も先行し，日本語学習者の OPI での発話データを集めた KY コーパスが公開された。ICLE や LINDSEI が（英語が第 2 言語的に使用されることが多い欧州という特殊条件はあるにせよ）習熟度の調査を行うことなく，大学の上級年次生をそのまま上級学習者とみなしているのに対し，KY コーパスは，OPI で判断された習熟度情報を付与し，3 つの母語を持つ学習者に対して，各習熟度レベルの人数を揃えてコーパスを構築するという先駆的な工夫が凝らされている。

　また，進行中のプロジェクト（たとえば Longitudinal Database of Learner English: LONGDALE）を除くと，英語では，縦断型コーパス（個人または少数の学習者の産出データを数年間にわたって継続的に収集する）で公開されているものは少ないが，日本語ではきわめて早い時期から縦断データの収集・公開が進められていた。2011 年には，台湾の大学の日本語専攻学生の 3 年間にわたる作文・作文の読み上げ・インタビュー発話を集める Language Acquisition Research Project at Soochow University (LARP at SCU) というプロジェクトの成果物として縦断作文コーパスが公開され，2013 年には，中国語母語話者・韓国語母語話者のインタビュー発話を 3 年間にわたって継続的に収集した Corpus of Japanese as a Second language (C-JAS) が公開された。これらは先駆的な業績と言える。

16.5.3 I-JAS への期待

　前節で見たように，英語学習者コーパスを優に上回る勢いで，これまでに各種の日本語学習者コーパスが開発・公開されてきたわけだが，英語学習者コーパスの世界で言う ICLE/LINDSEI や ICNALE と比肩しうるもの，つま

り，(1) 世界の多様な学習者を対象とし，(2) 現代のコーパス研究の知見を
踏まえたデータ収集理念に基づき，(3) 話し言葉と書き言葉の両面を収集し，
あわせて，(4) 科学的な比較研究に耐える詳細な学習者属性情報（とくに習熟
度情報）を収集したものは存在しなかった。2020 年に最終公開がなされた
International Corpus of Japanese as a Second Language（I-JAS：多言語母語の日
本語学習者横断コーパス）は，まさに，この missing link を埋める待望のコー
パスである。

　海外では，大型の学習者コーパスが 1 つ誕生すると，それを使った研究
が世界中で行われ，その成果が学会や書籍の形で共有され，学習者の L2 習
得・L2 産出への理解が一気に進むということがよくある。I-JAS について
も，今後，そうした研究上の波及効果が出てくることであろう。また，その
インパクトを国際レベルに引き上げていくためには，研究成果を積極的に英
語で発信することも必要となろう。学習者コーパス研究者の 1 人として，
世界の学習者研究のさらなる発展の「種」となる I-JAS のリリースを心より
歓迎したい。

16.6　まとめ

　本章では，4 つの関連研究分野から，I-JAS への期待をまとめた。1 節で
本書の内容を総括した後，2 節では，日本語教育および第二言語習得研究の
観点から「学習者は教師とは異なる学習者独自の学び方があること」「わか
ることとできることは違うこと」などの学習者の学び方を知る上で，学習者
コーパスが有用であることを述べた。また，I-JAS の多様なデータは第二言
語習得研究のさらなる深化や研究領域の拡大に寄与できることを示した。

　3 節では，横断コーパスである I-JAS と新しい縦断コーパスの B-JAS の比
較考察やクロスマッチの研究環境が整備され，互いのコーパスの強みを生か
した研究成果を発表すること，そしてそれが互いの研究の拡充と発展に繋が
ることへの期待を述べた。

　4 節では，計量言語学の観点から，これまで大規模コーパスの不在から日
本語教育関係の研究が少なかったが，I-JAS のリリースを機として，日本語
教育研究と計量言語学的研究の融合がさらに進展することへの期待を述べ
た。

　5節では，英語学習者コーパスと日本語学習者コーパスの開発小史をたど
りながら，I-JAS が日本語学習者コーパス研究界のみならず，世界の学習者
コーパス研究（learner corpus research：LCR）に刺激を与えることへの期待を述
べた。
　以上，4つの異なった観点から，I-JAS への期待を込めた展望が述べられ
た。今後，I-JAS がこうした大きな期待に応えていくことができるかどうか
は，I-JAS がどう使われるかによって決まる。本書を良き道しるべとして，
読者がそれぞれの関心に応じて I-JAS を広く活用してくださることを願って
筆を擱く。

主要参考資料

【コーパス】

宇佐美まゆみ (2011)「BTSJ：BTSJ (Basic Transcription System for Japanese) による日本語話し言葉コーパス」(ninjal-usamilab.info/lab/btsj_corpus/)

鎌田修・山内博之 (1999)「KY コーパス」(www.opi.jp/shiryo/ky_corp.html)

上村隆一 (1998)「上村コーパス：インタビュー形式による日本語会話データベース CD-ROM・発話 対照 DB：日本語学習者による，日本語・母語対照データベース」(www.opi.jp/shiryo/ky_corp.html)

国立国語研究所 (2013)「C-JAS：中国語・韓国語母語の日本語学習者縦断発話コーパス (Corpus of Japanese as a Second language)」(c-jas.ninjal.ac.jp/)

国立国語研究所 (n.d.)「会話 DB (横断編)：日本語学習者会話データベース」(mmsrv.ninjal.ac.jp/kaiwa/)

国立国語研究所 (n.d.)「会話 DB (縦断編)：日本語学習者会話データベース 縦断調査編」(mmsrv.ninjal.ac.jp/judan_db/)

国立国語研究所 (n.d.)「中納言マニュアル：中納言の特徴」(pj.ninjal.ac.jp/corpus_center/chu-00.html)

東呉大学 (n.d.)「LARP: LARP at SCU (Language Acquisition Research Project at Soochow University)」(web-ch.scu.edu.tw/japanese/web_page/3936)

李在鎬 (2013)「タグ付き K Y コーパス」(jhlee.sakura.ne.jp/kyc/)

【ソフトウェア】

Anthony, L. (2019). [Software] Antconc v. 3.5.8 Windows (www.laurenceanthony.net/software/antconc/)

【オンライン分析システム】

jReadability (jreadability.net/)

langtest (langtest.jp/shiny/cluster/)

SurveyMonkey (www.surveymonkey.com/mp/sample-size-calculator)

UCREL Significance Test System (corpora.lancs.ac.uk/sigtest)

【参考文献】

Benjamin, D. J., et al. (2017). Redefine statistical significance. *Nature Human Behaviour*,

2, 6–10. doi.org/10.31234/osf.io/mky9j

Chawla, D. S. (2017). Big names in statistics want to shake up much-maligned P value. *Nature, 548*, 16–17.

Corder, P. (1967). The significance of learners' errors. *International Review of Applied Linguistics in Language Teaching, 5*, 161–170.

Ishikawa, S. (2017). A reconsideration of the needed sample size in learner corpus studies.『国立国語研究所言語資源活用ワークショップ 2017 発表論文集』153–162.

Kulkarni, S. (2015).「T&F 社の BASP 誌が P 値の使用禁止を発表」エディテージ・インサイト（www.editage.jp/insights/a-taylor-francis-journal-announces-ban-on-p-values, 2019.12 閲覧）

Nattinger, J. R., & De Carrico, J. S. (1992). *Lexical phrases and language teaching.* Oxford, England: Oxford University Press.

Sunakawa, Y., Lee, J., & Takahara, M. (2012). The construction of a database to support the compilation of Japanese learners dictionaries. *Acta Linguistica Asiatica, 2* (2), 97–115.

Trafimow, D., & Marks, M. (2015). Editorial. *Basic and Applied Social Psychology, 37*, 1–2.

石川慎一郎 (2008)『英語コーパスと言語教育―データとしてのテクスト―』大修館書店.

石川慎一郎 (2012)『ベーシックコーパス言語学』ひつじ書房.

石川慎一郎 (2019a)「英語学習者コーパス研究の現状と課題」『電子情報通信学会基礎・境界ソサエティ：Fundamentals Review（ファンダムレビュー）』12(4), 280–289.

石川慎一郎 (2019b)「習得研究の資料としての学習者コーパスの可能性と課題―計量研究におけるコーパスデータの制約性をめぐって―」『第 30 回第二言語習得研究会（JASLA）予稿集』106–111.

伊集院郁子・李在鎬・小森和子・野口裕之 (2018)「意見文に対する評価コメントの計量的分析―コレスポンデンス分析に基づく考察―」『2018 年度日本語教育学会秋季大会予稿集』324–329.

市川保子 (2010)『日本語誤用辞典―外国人学習者の誤用から学ぶ日本語の意味用法と指導のポイント』スリーエーネットワーク.

伊藤雅光 (2002)『計量言語学入門』大修館書店.

今井新悟 (2015)「J-CAT (Japanese Computerized Adaptive Test)」李在鎬（編）『日本語教育のための言語テストガイドブック』67–85, くろしお出版.

宇佐美洋 (2006)「「作文対訳データベース」作成の目的とその多様な活用について」宇佐美洋（他）（編）『作文対訳データベースの多様な利用のために―「日本語教

育のための言語資源及び学習内容に関する調査研究—」成果報告書』9–42, 国立
　国語研究所.

宇佐美まゆみ（2007）「改訂版：基本的な文字化の原則（Basic Transcription System
　for Japanese:BTSJ）2007 年 3 月 31 日改訂版』『談話研究と日本語教育の有機的統
　合のための基礎的研究とマルチメディア教材の試作』研究成果報告書.

小木曽智信（2014）「形態素解析」前川喜久雄（監修）, 山崎誠（編）『講座日本語コー
　パス 書き言葉コーパス 設計と構築』89–115, 朝倉書店.

小磯花絵・西川賢哉・間淵洋子（2006）「転記テキスト」『日本語話し言葉コーパスの
　構築法』（国立国語研究所報告 124）23–132, 国立国語研究所.

尾崎奈津（2004）「否定の丁寧形『ナイデス』と『マセン』について」『岡山大学言語
　学論叢』11, 29–42.

落合智子（2012）「書きことばに現れる『ません』と『ないです』」『国文目白』51,
　14–22.

金澤裕之（2007）「自然習得者の丁寧表現について」『月刊言語』36（3）, 90–96.

川口良（2006）「母語話者の『規範のゆれ』が非母語話者の日本語能力に及ぼす影響
　—動詞否定丁寧形『（書き）ません』と『（書か）ないです』の選択傾向を例とし
　て—」『日本語教育』129, 11–30.

川口良（2010）「『ません』形から『ないです』形へのシフトに関わる要因について
　—動詞否定丁寧形の言語変化という視点から—」『日本語教育』144, 121–132.

川口良（2014）『丁寧体否定形のバリエーションに関する研究』くろしお出版.

許夏珮（1997）「中・上級台湾人日本語学習者による『テイル』の習得に関する横断
　研究」『日本語教育』95, 37–48.

グレンジャー, シルヴィアン（編著）船城道雄・望月通子（訳）（2008）『英語学習者
　コーパス入門』研究社出版.〔Granger, S. (Ed.). (1998). *Learner English on
　computer*. London, UK: Longman.〕

計量国語学会（編）（2009）『計量国語学事典』朝倉書店.

国際交流基金（2019）「2018 年度海外日本語教育機関調査結果（速報値）」（www.jpf.
　go.jp/j/about/press/2019/dl/2019-029-02.pdf）

小林典子（2001）「第 8 章 効果的な練習の方法」野田尚史・迫田久美子・渋谷勝己・
　小林典子『日本語学習者の文法習得』139–158, 大修館書店.

小林典子（2015）「SPOT（Simple Performance-Oriented Test）」李在鎬（編）『日本語教
　育のための言語テストガイドブック』110–126, くろしお出版.

小林ミナ（2005）「日常会話にあらわれた『～ません』と『～ないです』」『日本語教
　育』125, 9–17.

小林ミナ（2019）「日本語教育では『ません』と『ないです』のどちらを教えたらよ
　いですか」国立国語研究所「ことば研究館」（kotobaken.jp/qa/yokuaru/qa-77）

小林雄一郎（2015）「コーパス言語学研究における頻度差の検定と効果量」『外国語教
　育メディア学会（LET）関西支部 メソドロジー研究部会 2014 年度 第 6 号報告論

集』85–95.

小林雄一郎 (2019)『ことばのデータサイエンス』朝倉書店.

迫田久美子 (2001)「学習者独自の文法の背景」野田尚史・迫田久美子・渋谷勝己・小林典子『日本語学習者の文法習得』45–62, 大修館書店.

迫田久美子 (1997)「中国語話者における指示詞コ・ソ・アの言語転移」『広島大学日本語教育学科紀要』7, 63–72.

迫田久美子・小西円・佐々木藍子・須賀和香子・細井陽子 (2016a)「多言語母語の日本語学習者横断コーパス」『国語研プロジェクトレビュー』6(3), 93–110.

迫田久美子・佐々木藍子・細井陽子・野山広 (2016b)「学習者の発話データに基づく日本語の習得—存在表現, 接続表現と依頼表現を中心に—」『ICJLE 2016 パネル発表資料集（インドネシア・バリ）』1–17.

田野村忠温 (1994)「丁寧体の述語否定形の選択に関する計量的 調査—『〜ません』と『〜ないです』—」『大阪外国語大学論集』11, 51–66.

曹大峰 (2019)「学習者コーパスから見た「でしょう / ていた」の習得過程」国際シンポジウム「北京日本語学習者縦断コーパス（B-JAS）の構築と応用」口頭発表資料（中国・北京）.

角田太作 (1991)『世界の言語と日本語—言語類型論から見た日本語—』くろしお出版.

寺村秀夫 (1990)「外国人学習者の日本語誤用例集」大阪大学.（科学研究費補助金特別推進研究「日本語の普遍性と個別性に関する理論的及び実証的研究」（研究課題番号 60060001：井上和子）資料）.

中村壮範・小木曽智信 (2011)「Web 版コーパス検索アプリケーション『中納言』の公開」『言語処理学会第 17 回年次大会発表論文集』344–347.

長友和彦・迫田久美子 (1988)「誤用分析の基礎研究 (1)」『教育学研究紀要』（中国四国教育学会）33, 144–149.

長友和彦・迫田久美子 (1989)「誤用分析の基礎研究 (2)」『教育学研究紀要』（中国四国教育学会）34, 147–158.

長友和彦・迫田久美子 (1990)「誤用分析の基礎研究 (3)」『教育学研究紀要』（中国四国教育学会）35, 173–183.

野田尚史 (2001)「学習者独自の文法の背景—学習者独自の文法は必然的に生まれる—」野田尚史・迫田久美子・渋谷勝己・小林典子『日本語学習者の文法習得』45–62, 大修館書店.

野田春美 (2004)「否定ていねい形『ません』と『ないです』の使用に関わる要因—用例調査と若年層アンケート調査に基づいて—」『計量国語学』24(5), 228–244.

野本忠司 (2016)「リーダビリティー研究の 100 年」『情報処理学会 SIG Technical Reports 2016-DC-101』1–7

野山広 (2015)「地域における日本語教育支援と多文化共生—ローカルな視点から捉えるグローバル・シティズンシップ—」『異文化間教育』42, 45–58.

野山広・桶谷仁美 (2016)「CLD 児童・生徒の言語環境の整備と日本型多文化共生社

会―社会参加という観点から―」『異文化間教育』44, 18–32.

坂野永理（2012）「コーパスを使った述語否定形『ません』と『ないです』の使用実態調査」『留学生教育』17, 133–140.

福島悦子・上原聡（2004）「『言いません』としか僕は言わないです―会話における丁寧体否定辞の二形式―」南雅彦・浅野真紀子（編）『言語学と日本語教育III』269–286, くろしお出版.

牧野成一・鎌田修・山内博之・斎藤真理子・荻原稚佳子・伊藤とく美・池崎美代子・中島和子（2001）『ACTFL–OPI入門―日本語学習者の「話す力」を客観的に測る―』アルク.

町田健（2009）「世界の中の日本語」（名古屋大学公開講座講義資料）（ocw.nagoya-u.jp/index.php?lang=ja&mode=c&id=195&page_type=index）

水本篤・竹内理（2008）「研究論文における効果量の報告のために―基礎的概念と注意点―」『英語教育研究』31, 57–66.

村田年（2002）「論理展開を支える機能語句―接続助詞，助詞相当句による文章のジャンル判別を通じて―」『計量国語学』23(4), 185–206.

李在鎬（編著）（2017）『文章を科学する』ひつじ書房.

李在鎬・李在鎬・嶋田和子・伊東祐郎・鎌田修・坂本正・由井紀久子・赤木彌生・六川雅彦（2019）「口頭能力評価と言語的特徴の関連―「JOPTコーパス」の分析に基づいて―」『2019年度日本語教育学会秋季大会予稿集』84–89.

巻末資料

収集データサンプル

対面調査

［１］ ストーリーテリング１ (ST1) KKD01

C　はい

K　KKDゼロワン、です、はい

K　で、あーすマリとケンが地図を見ている、間、あー犬がバスケットの中に走りこみました

K　マリとケンはそれを知らないままピクニックにいたしました

K　ケンがバスケットを開けた途端、犬が、飛び出してきました

K　バスケットの中にいたサンドイッチやりんごを、犬が全部、食べてー、食べ、たのを見てケンとマリはがっかりしました、はい

C　はい、ありがとうございます

［２］ ストーリーテリング２ (ST2) SES01

C　IDナンバーお願いします

K　SES01

K　えー、うちは、えむー、えむ、ノー、マリは、えー、うちの中に、いました

K　それーで、えー、ケンは、えー、もともと、呼んでいます

K　でも、マリは、えー、休みました、ノー、えー、寝ていました（寝ていました）

K　んー、それでは、えー、ケンは、梯子を、持っています、持っていました

K　えむー、でもー、警官、警官、えー、は、えー、来ました

K　えー、警官は、えむ、たぶんケンを、えん、んー、んー、{笑}

K　んー、それでは、えー、マリさん、えー、起きった（起きた）、えー、けのー（ケンを）、ケンと、警官、を、見ると、えー、笑います、笑っています

[3] 対話 (1) HHG02

C や（では）IDを教えてください

K HHG02です

C はい、今日は調査に参加していただいてほんとにありがとうございましたー

K あ、よろしくお願いします

C ねー、今日ちょっと涼しいんですか?

K そうですね、意外と〈うーん〉朝は涼しかったですね

C あーですよね〈はい〉、なんかすごく暑いって、あの聞いてたんですけど〈うんうん〉、ちょっとほっと、しましたねー、そうですねー

K うん、確かに

C 今日は、あのー、ここまでどうやって、いらっしゃったんですか?

K 実は今近くにアパートを借りてるので〈へー〉、そこから歩いて来ました

C あーそうなんですかー

K はい

C じゃあ、いいですね、近くって

K そうですね〈笑〉

C そうですかー

K 便利です

C じゃあいつも大学に、あの、来る時には、もうその（連体詞）アパートから歩いて、来るってことですね

K はい、歩きますね

C あ、そうなんですねー、わかりました、うらやましいですね〈笑〉〈笑〉、はーい、えっと、じゃああのいろいろこれから質問していきますね、〈はい〉あの、昨日って〈はい〉あのどんなことを、なさってたんですか?

K うーん、実は、明日から仕事始めるので〈へー〉、ちょっと引っ越し、で、あの週末を過ごしました

C あ、〈はい〉そうなんですかー、えっと、明日から引っ越しって言うと、それはどうして引っ越されるんですか?

K あ、明日から、新しい町で、は、あの仕事始めるので

C うーん、あ、そうなんですかー〈はい〉じゃあ、えっと学校、卒業して〈はい〉、それで、就職をするということなんですね

K　そうですね ｛笑｝

C　わーすごいですね、ちょっと後で（あとで）詳しく教えてくださいねー

K　あ、はい ｛笑｝

C　お仕事とかねー、あーそうですかー、じゃあ引っ越し、けっこう大変でした?

K　うん、けっこう長くかかりました ｛笑｝

C　へー〈はい〉、荷物、たっくさん、あるんですかね

K　そうですね

C　へー、おつかれさまでした

K　ありがとうございます ｛笑｝

C　もう全部終わったんですね?、引っ越しは

K　うん、だいたいおっきなものはもう、運びました

C　あ、良かったです、〈はい〉わかりました、じゃあもう週末はずーっと引っ越し、を、してたって感じですね

K　そうですね ｛笑｝

C　体もちょっと疲れちゃいますね

K　はい ｛笑｝

C　そうですかー

K　筋肉痛

C　筋肉痛になってます?、｛笑｝〈はい〉、あ、そうですか、わかりましたー、あの、じゃあ今度はですね、あのHGさんの日本語?〈はい〉の勉強についてちょっと伺っていきたいんですけど〈はい〉、あの、どうして日本語をそもそも勉強しようって思ったんですか?

K　はー、実はですね〈ええ〉、えーっと、ま絶対に何か（なにか）外国語を〈うーん〉、あの大学で、学ぼーう、と思ってたんですが〈へー〉、もう英語とかドイツ語とか〈うんうん〉、まあ、多くの人は話せますから、ちょっと、珍しい言語を探そう、と思ってたんです

C　あ、珍しい言語だったんですね

K　そうですね、あの（連体詞）時はまだ ｛笑｝

C　ふーん

K　今はちょっと日本語勉強してる人は増えてますけど

C　へー〈はい〉、あ、そうなんですね、何か（なにか）、やろうと思って珍しい言語

  を選んだってゆうことなんですね

K そうですね、はい

C あの、この（連体詞）大学にはいろいろな言語を、あの、があるんですか?学科が

K あるんですね、はい〈うんうん〉、あと英語だったりドイツ語だったり〈うんうんうん〉、オランダ語もあるかな、うーん、まあいろいろあると思います｜笑｜

C あーそうなんですかー、じゃあその（連体詞）中で日本語を選んでくれてなんか嬉しいです｜笑｜

K 良かったと思います｜笑｜

C そうですか、あー良かったです

K はい

C あの、じゃあ日本、語の本を読んだり、とか、あとドラマを見たり?

K あ、はいはい

C とかそうゆう、小説を読んだりとかもしますか?

K します、ね、はい

C へー、どんなものを、が好きー、ですかね?

K えーっと、ま、いろいろ、あ、ドラマもけっこう見たりして

C あーそうなんですか

K 本もたまに読んでますけど〈ええ〉、一番いいのは、あの、やっぱり日本の音楽〈あー〉、そうよく聞きます、はい、はい

C へー、あの、好きなアーティストがいますか?

K えーっと、ちょっと、アンダーグランドなんですけど｜笑｜

C あーそうなんですか

K 雅っていう人がいて

C へー、わー知らないです

K すごい好きなんです

C どうして好きなの?、その（連体詞）人

K いや、なんかすごい、うーん、まあユニークな音楽を作っていて〈へー〉、それは、すごい好きなんです、で日本語もきれいだと思いますから〈ふーん〉、それはなんか、聞くのが気持ちいいですね

C そうなんですかー、〈はい〉に、聞いて、日本語がきれいな人ときれいじゃない

人がいるんですか?そ、歌手でも

K　うーん、や、きれいっていうか、なんか、あの、歌詞がおもしろいので

C　あー、なるほど、その（連体詞）

K　で、いろいろな表現を、〈うん〉学べるから、それを聞きながら

C　へー、じゃあもうその（連体詞）雅ってゆう人が、自分で作詞も作曲もする、ってゆうことなんですね?

K　そうですね、はい

C　はー、そうなんですか、ちょっとチェックしてみます〈|笑|〉、よし、ユーチューブで、聞け、ますかね?

K　聞けると思います、ああはい

C　じゃあ今晩、〈|笑|〉ちょっとチェックしてみようと思います、へーわかりました、じゃあ音楽が一番っていうことですね?

K　そうですね、やっぱり

C　あのさっきドラマも、よく〈あ〉見ます、って〈うん〉言ってたんですけど、最近見てちょっと印象に残ってるものとかありますか?

K　最近?、〈うん〉最近ちょっと新しいのは見てないんですけど|笑|

C　あ、古いのでも

K　うーん、すごい、ちょっと昔好きだったのは、『野ブタをプロデュース』という〈あー〉、ちょっと高校、なんか高校の話、なんですけど〈へー〉、それはおもしろかったです

C　おもしろかったですか

K　はい

C　野ブタ、プロデュース、なんかちょっと聞いたことあるんですけど

K　たぶん有名だと思います

C　ですよねー、〈はい〉どん、どんなお話しだったかちょっとだけ、ストーリーを教えてもらっていいですか?

K　なんかいじめられっ子、〈うんうん〉あの、人気者にしようとしている、男の子がいて

C　え、いじめられっ子、を?

K　人気者にするとゆう話

C　人気者に、し、する、うんうん

K　はい

C　へー

K　すごいおもしろいと思いますので

C　そうですか、〈はい〉それは学校の、話なんですか?

K　そうですね、〈へー〉高校の

C　高校の〈はい〉話〈はい〉、じゃあ主人公の人が、その (連体詞)、えっといじめられっ子なんですか?

K　そうですね、はい、いじめられっ子と〈うんうんうん〉、ますごい人気の男の子〈うんうんうん〉、んでその (連体詞) いじめられっ子を、あの、やっぱりクラスの中に人気者しよう、と思う、その、もうすでに人気な男の子、〈うんうんうん〉の話、ですね

C　あー、じゃあ、まあ人気、もともと人気がある人と、〈はい〉いじめられっ子の人って、この (連体詞) 二人が、主な (おもな)

K　あともう一人ですね

C　あ、もう一人いるんだ

K　その (連体詞) 三人が主人公になっていて

C　へーあーそうなんですかー、なんかどうやってそれを人気者に、変えていくんですか?

K　なんかもう、自分が、すでに人気を持ってるので

C　はい

K　うーん、こう徐々にそのー、あの、いじめられる、ま女の子に、こうみんなが見られるように近づいていって〈うん〉、それによってその (連体詞) 女の子も人気にする {笑}、とゆう話ですね

C　へー、じゃあ最終的にはその (連体詞)、いじめられてた女の子も人気者になるんですか?

K　そうですね

C　んー〈{笑}〉、じゃあハッピーエンド、なんですか?その (連体詞)

K　うーん、まあまあまあ {笑}

C　ど、どっとこが、どゆ (どういう) とこがおもしろいんですかね

K　いや、なんか、うーん、すごい、うーん、まあ、あったかい気持ちになれる、ですね

C あーなるほどー

K だから

C へー〈はい〉わかりました、ありがとう、じゃあちょっと、チェックしてみます、これも

K ｛笑｝それはぜひ

C そうですねー、はーい、ありがとう、じゃあのもう少しねHGさんのことについて

K あ、はい

C あのお聞きしたいんですけども、えっと、さっきね、あの、歩いて近くのあ、〈はい〉ね、アパートを借りて歩いてここまでいらしたって〈はい〉聞いたんですけど、あと、ご出身って、どこ、なんですか?この近くではないっていうことですよね、それは

K えーっと、ブタペストじゃないんですね

C あーそうなんですか〈えー〉、とお、ちょっと遠く離れた、何時間ぐらいとか

K ちょっと百キロぐらい、は百キロはしないかな

C 百キロですか?

K 六十キロメートルぐらいかな、あの私の出身、地、はい

C へー、そうですか、町の様子は、あのブタペストとはちょっと違うんですか?

K うーん、ブタペストより、小さくて〈うんうんうん〉、ちょっと古い町ですね

C へーなんか日本から来たらここも、ブタペストもすごく歴史を感じて素敵〈｛笑｝〉って思ったんですけど、なんか古い、もっと古い町なんですか?

K いや、もっと古いってわけじゃなく〈うん〉、たぶん、新しいものがそんなにできてない、だけですね〈あー〉、ブタペス、トより

C なるほどねー、何か（なにか）有名なものとかあるんですか?

K ありますね、それ〈は〉、私もー、ま出身地は、あの、ハンガリーの、最初の首都だったので〈へー〉、その時代の、まあ思い出もちょっと残っていますね

C あーそうなんですか〈はい〉、なんか文化的なそういう、あの、歴史のある、そ、えっと、首都?首都だから

K 首都、はい

C 何か（なにか）、その、有名な

K うん、残ってます

C 建物が残ってるんですか?

K　はい、建物ー、まあ、建物は、ちょっと残ってないんですけど、壁だったりとか〈うんうん〉、あと、その、ん、まあ最初の王様が〈うんうんうん〉、作、った、まあ何 (なん) ですかね |笑|、えーっと、けんぽー (憲法) の〈うんうんうん〉、うーん、まあ、その (連体詞) けんぽー (憲法)、の言葉、を〈はい〉、あの像で、表そうとしている〈ふーん〉、まあちょっと、ものがあります、はい |笑|

C　あーそうなんですねー〈はい〉、じゃあけっこう有名な観光、地なんですね

K　有名ですね、はいはい

C　けっこう観光しに、あの、ハンガリーの国の人が行く、ようなところ、なのかな?

K　うーん、行くー、と思います、さいけっこう

C　へーそうなんですかー、え素敵ですね、歴史が〈うん〉ある町でね、なんか食べ物とか、もあるんですか?、そこ、の地方の

K　あ、とそんな、有名なわけじゃないと思います、〈ふーん〉あんまり

C　あーそうですかー、じゃあブタペストでも、同じようなもの、が

K　そうですね、はい

C　と同じようなものを食べてるっていうことですね

K　はい

C　はーわかりましたー、でも良さそうですね、静かな町なんでしょうかね?

K　静かですね、はい、確かに

C　へーなるほど、わかりましたー、はい、じゃあえっと、そうですね、私、写真を撮るのとかけっこう好き〈ああ〉なんですけど、その (連体詞) ご出身の町で、写真をもし撮るとしたら〈ああ〉そうゆう、どんなとこがいいんですかね?建物、とかじゃなくてもいいんですけど

K　建物もきれいだと思います、〈うんうんうん〉けっこう、何百年 (なんびゃくねん) 前から残っていて〈へー〉、あとまあ、そうですね、建物はきれいだと思います

C　あ、そう

K　あと公園だったりとか

C　あ、公園もあるんですね、〈はい〉へー、わかりました、ありがとう、そうですか、じゃあ、あの、その (連体詞)、ここからちょっと、まあ六十キロぐらい離れた町で〈はい〉、えっと生まれて育ったとゆうこと、ですかね

K　はい、そうですね

C　大学からこちらに出て来られて

K　はい、そうです

C　あ、なるほどわかりましたー、あのちょっとお話変るんですけどー、ハンガリーって、あのお誕生日?

K　あ、はい

C　ってどういうふうにお祝いをするんですか?

K　えーっと、その (連体詞) 誕生日ー?の人に、あの友達がパーティーをやってくれる、とゆうかたちですね

C　へー、あ、そうなんだ、それが

K　まあサプライズでもそうでなくても〈うんうんうん〉、まあパーティーをします、とりあえず

C　そうですかー〈はい〉、お友達と

K　そうですね、はい

C　へー、じゃあなんかちょっと、最近、とかでも、なんか思い出に残っている楽しかった誕生日とか〈あー〉、あります?

K　えーっと、まあちょっと、あのー、そうですね、あのー、まだ高校の時代から友達のままに、まあ、いる?人たちがいて〈はい〉、でその (連体詞) 一人ー、が誕生日があって〈うんうん〉、あのサプライズでパーティーをしようと思って、みんなで〈へー〉、でその (連体詞) 人に、うーん、ながい、その (連体詞) グループの中にいろんな人から、の、「ごめんあの誕生日の時に会えないんですけどおめでとう」〈あー〉って先にゆっといて〈はい〉、で結局、その (連体詞) 人を、まあ絶対に、家にいるように、しようとしてたんです

C　あ、なるほどね {笑}

K　で、それでサプライズで、あの行きました、みんなで

C　へーあーそうですか

K　すごい喜んでくれたので

C　喜んでくれましたー?

K　うん、良かったです

C　ねー、〈はい〉びっくりしたでしょうねー

K　そ、たぶん寂しかった (さびしかった) と思います〈うんうんうん〉、みんなあの、会いに来てくれないと思っちゃって

C　そうですよねー

K　で結局行きました ｛笑｝

C　へー、〈うん〉そうですかー、なんかいっぱい持ってったんですか?

K　そうですね、〈へー〉あのプレゼントも全部、〈うんうん〉ケーキも持って行って

C　あーそうなんですね

K　それで祝います

C　へー、一人でじゃあうちに寂しい（さびしい）と思って ｛笑｝

K　絶対寂しかった（さびしかった）と思いますけど ｛笑｝

C　あ、そうですかー、じゃあ良かったですね、成功したっていうことですね

K　良かったです

C　へー楽しそう

K　なんかどっかに行っちゃったら困りますよね ｛笑｝

C　ですよね、ね、見張ってるんですか? ｛笑｝ どこにも行かないようにとか

K　そうですね

C　電話してみたりとか〈｛笑｝〉、そうですかー、じゃあちょっと、おもしろかったですね、こちらもね〈うんうん〉、えーあーおもしろいですね、なんか、サプライズを受けたこともあるんですか?

K　あります〈へー〉、あります ｛笑｝、んー良かったです、それもちょっと似たような状況で

C　あーそうだったんだ、〈うん〉じゃあちょっと寂しい（さびしい）と思ってたら

K　うん、すごい寂しかった（さびしかった）です、〈ふーん〉うん ｛笑｝

C　そっか、そっか、あーでも楽しそうですねー

K　うーん楽しかったですね

C　へーわかりましたありがとう、あの、お子さんの時?小さい子供〈はい〉、の時は、あの、家族で、お誕生日って

K　あーそうですね

C　お祝いするんですか?

K　とか、あの両親が、もう学校から友達を呼んで〈へー〉、こう、まあパーティーみたいなのを

C　うちで?

K　するのがありますね、はい

C あーそうなんですかー、へー学校から友達をこう、招待するって感じなんですか?

K そうですね、はい

C へー、あそれも楽しそうですね〈うーん〉、わかりました、あの、今ね、ちょっと小さい頃（ころ）のお話のこと聞いたんですけど、〈はい〉あのHGさんって、〈はい〉子供の頃（ころ）って、どんな子供だったんですか?

K えー〈笑〉走り回るのが大好きだったと思います、〈へー〉はい

C 活発な、感じだったんですねー

K そうだったんですねー、はい

C へーじゃあ外でよく遊んだ?〈はい〉感じですか?

K はいはいはい〈ふーん〉、あと、おじさんが、あの、ま動物いっぱい飼ってて〈へー〉、その（連体詞）動物ーと何（なに）?あ、遊ぶのが好きだった｛笑｝

C そうなんですかー

K ですね、はい

C なんか、あの、珍しい動物とかもいたんですか?

K いや、珍しくなくて〈うん〉、なんかこう、まあ家庭にあるような動物

C あーじゃあ

K チキンとかそういう｛笑｝、すごい｛笑｝〈｛笑｝〉、ちょっと、まあ遊ぶー、相手〈うんうんうん〉、って感じがしない動物、〈へー〉だったんですけど、まあ犬が、犬もいて

C あ、そうなんですねー

K はいはいはい、そうゆう環境にいました｛笑｝

C へー素敵ですねー、じゃあ生き物好きですか?

K うん、大好きです、はい

C なるほどー、わかりました、じゃああのちょっとね、あの小さい頃（ころ）の話も今出たんですけど

K はい｛笑｝

C あのー、小学校とか、中学校の頃（ころ）?の、あの学校のこと?、ちょっと思い出してほしいんですけど

K あ、はい

C 大好きだった先生とかっていらっしゃいますか?

K　えー

C　覚え、よく覚えてる先生とか

K　いや、なんか小学校ー、あ、ハンガリーで小学校、とゆうのは〈はい〉、だいたい、ま四年ぐらいは絶対同じ先生、だと思いますみんな

C　あ、そうなんですかー

K　あの、一（ひと）クラスに同じ先生が担当している、とゆう、かたちで

C　四年間も?へー

K　だいたい、まあ四年間だったり、ま小学校は、四年か六年か〈はい〉八年間ありますから、あ、でも四年かな、たぶん

C　うんうんうん、ずーっと同じ?四年

K　で四年、その後（そのあと）また四年、あの、他の（ほかの）先生がいて〈へー〉、で、あの基本、的な〈はい〉科目はその（連体詞）先生が教える、とゆうかたちで〈ふーん〉、あと、まあ体育だったりとか〈はい〉、ちょっと、まあ〈うんうんうん〉、そういう知識、とか、まスキルが必要ーな〈はい〉科目は他の（ほかの）先生もいるんですけど、〈はい〉だいたい、担当の先生が同じですね、はい

C　あ、そうですかー、じゃあもうその（連体詞）先生、がすごく印象に残ってますよね

K　そうですね、はいはい

C　あ、そうですかー、へー優しい先生でした?

K　うん優しかったです〈へー〉、すごい良かったと思います

C　良かったですか?、〈はい〉どんなところが良かったんですかね

K　うーんなんかこう、叱るー、のではなく、ま厳しかったんですけど〈うんうんうん〉、叱るより、ほんとにその（連体詞）子供の悩みを、まあちょっと、まいつもあの子供ーを助けようとしていた先生だったので

C　あ〈はい〉、そうだったんですかー、良かったです

K　良かったです｛笑｝

C　ラッキーですよね、先生ねー、あ、そうなんだ、わかりました、じゃ、今度はねー、その、学校の生活の中で〈はい〉、あの、怖かったこととか

K　怖かったこと?あー

C　って何か（なにか）ありまー、すか?

K　なんかすごい、あの、みんなを、いじめるグループがいて〈あー〉、その（連体

詞) 人たちが怖かったです ｛笑｝、それはけっこう

C　そうです、それって、小学校、なんですか?

K　小学校ですね

C　へー、何人 (なんにん) ぐらいのグループなんですか?、そういう

K　あ、特に一人が覚えて、ますね〈うんうんうんうん〉、その (連体詞) 一人がいつも他の (ほかの)、まあ子供を、自分の周りには集めて〈うんうん〉、みんなをいじめようとしてたんです、はい

C　へー、あそういう人いるんですねー

K　うん、怖かったですね ｛笑｝

C　怖かったです、大丈夫でした?、HGさん、あ、ゆ

K　うん、大丈夫でした ｛笑｝

C　良かったですね、あ、そうですかー、けっこういじめられて〈うん〉、悩んでいたお友達もいましたか?

K　そんな、いや実は〈うんうん〉、こん (こう) 長くー同じ人をいじめる、のはなかったと思います〈あー〉、ただ、もう誰でもいいから〈はい〉、もう、けんか売ったりとか〈はー〉、殴ったりとかそういうことをしてました〈え〉、あの (連体詞) 人たち、もう対象は誰でもいいですから ｛笑｝

C　へー〈うん〉、それは女の子?、男の子?

K　ううん、あ、いじめるほうが?

C　いじめるほうは

K　あ、男ですね

C　あ〈はい〉、そうですかー、へー

K　あ、自分もたぶんあの家族ー、〈うんうんうん〉の背景がや悪かった気がしますから

C　あー、何か (なにか)〈はい〉、問題が、あったんでしょうねー

K　そうですね、はい

C　そうですねー、なるほどねー、じゃあ、でもどこの国でもなんか、い、いるんですねー

K　うんうんうん、そうですね

C　そっかそっかー、わかりました、ごめんね、なんか

K　いえいえ、そんなに ｛笑｝

C 怖かったことをちょっと、思い出させてしまって、はーい、じゃあの今度はこれからちょっと明るい話〈はいはい〉、あの将来の話とかを〈はい〉していきたいんですけど、あのさっきね、明日から、えっと、新しい、ところで働き始めますって

K そうですね

C あの伺ったんですけど〈はい〉、じゃあその（連体詞）話をちょっと〈あ、はい〉教えてもらいたいと思うんですね、あのー、いろんな、その、勉強をして日本語も?〈はい〉すごくね、もう上手になって

K いえいえ〔笑〕

C で、えっと、日本語を活かしてとかそうゆうお仕事なんですか?

K そうですね〈へー〉、あの、日系の会社で〈はい〉、その、まあ営業、のサポートをする、〈ふーん〉うーん、みたいな仕事ですね

C あ、営業のサポートを

K そうですね

C なさるんですか?、〈うん〉へー、そうですかー

K なんかこう会社員はみんなハンガリー人で〈はい〉、あの、その、まあ部長、二人か?二人かな?〈うんうんうん〉その（連体詞）人たちは日本人で〈うんうん〉、ちょっとコミュニケーションを〈はい〉、まあ、しやすくしてるんですが

C あーなるほど

K その（連体詞）社員と

C あ、あ、その（連体詞）社員と、えーっと、はん、ハンガリーの社員と

K ハンガリー人と日本人の間（あいだ）のコミュニケーションを

C 日本人の間（あいだ）を、あ、そうかそうか

K それ

C HGさんが入ることによって、コミュニケーションが、〈うん〉良くなるということ

K それもあって、ちょっとなんかこうハンガリー政府だったりとか他の（ほかの）会社から、あのー、しーりょう（資料）をもらう時に〈はい〉、それハンガリー語ですから、もう日本の親会社に〈うんうん〉ちゃんと報告できない、と、〈うーん〉あの、マネージャーさんがゆって〈はい〉、それにちょっと手伝うことになると思います

C あー、なるほどじゃあ翻訳の作業とかも

K　そうですね、はい

C　す、するし通訳とかももちろんするってことですね

K　そうですね、だいたい

C　へー〈はい〉、すばらしい、ねー

K　うーん、ドキドキしますけど、はい

C　良かったですねー、ねー、え、でもきっと大丈夫ですよー、〈｛笑｝〉あ、〈うん〉そうなんですかー〈はい〉、じゃあちょっと最初は緊張しますけど

K　うーん、しますね

C　きっと、やりがいがある、仕事だ、と思いますね

K　ああ、はい、ならいいんですよね｛笑｝

C　えーそうですかー、日系の企業って、ハンガリーにもけっこういっぱい入って、来ていますか?

K　けっこう、あると思います、はい〈ふーん〉、まあだいたい車、だったりとか〈はい、うん〉、そうゆう部品?ですね、はい

C　あ、車や部品の関係の〈はい〉会社がけっこう入って来てるってことなんですね

K　うん、けっこうありますね

C　あ、そうなんですか、素敵ですね、ぜひがんばってくださいね

K　がんばります｛笑｝

C　ねー、そうなんだー、じゃあもう明日から、もう、あれですか?、さっそく、毎週、週五日とか?

K　そうですね

C　働く、んですか

K　はい、そうです｛笑｝

C　あー、そっかー、がんばってください本当に

K　がんばります｛笑｝

C　へー、じゃ例えばねー、あのー、明日から仕事を始められて〈はい〉、うーん、十年とか二十年後（ご）?〈うんうん〉まだちょっとどうなってるかわからないですけども、えーっときっと素敵なご家庭を持っているかも〈ああ〉しれないですよね、はい、でその（連体詞）時に、もし、あの住むとしたら?、〈はい〉これわかります?、田舎〈はい〉と、まあ町〈はい〉、都会なんですけど〈はいはい〉、どっちかですよ?、どっちか選んでくださいと言われたら〈うんうんうん〉、どっちを選び

ますか?

K　実は（じつは）、私〈うん〉、都会、が行きやすい、田舎、だと思います ¦笑¦、なんかこう

C　え、どういうことですか?

K　なんか都会も好きなんですけど〈うんうん〉、やっぱり住むなら田舎のほうは、ま慣れていて〈うーん〉、ん、静かなところが好きなんで、ちょっと都会が近い、ところがいい、と思います

C　あ、都会が近いけれども

K　とか、まあ、郊外がいいかな、私は〈あー〉、たぶん ¦笑¦

C　なるほどねー、へー、そうですか、どう、どうして都会のほうが、その会社にすぐ、近かったりとか

K　それもあって

C　しますね

K　にぎやかなところも〈うんうん〉好きなんですけど〈はい〉、やっぱり、ん、なんかこう、いぬか（田舎）、いい、まあ田舎の静かさも、好きなんで〈ふーん〉、選ぶにくいんですね、これは ¦笑¦

C　そうですね、どちらか、という感じなんですけど〈はい〉、あの田舎は今、その静か?っておっしゃったんですけど〈はい〉、うるさい、こ、都会だとうるさいから?、ちょっと

K　そうですね ¦笑¦

C　嫌だっていうことですか?

K　はい〈ふーん〉、あと、私走るのが好きで〈へー〉、それは田舎でやったほうが、まあ気持ちいいんですから、そういうところ〈うんうん〉、まあ住みたいと思います

C　あ、なるほど〈はい〉、確かにそうですねー〈うん〉、あ、でも都会だと夜でも明るいから夜も走れます ¦笑¦

K　そうですね、でも怖い人に会ったら

C　あーそっかー

K　ちょっと、それはちょっと嫌なので

C　なるほどねー〈はい〉、そっかそっかじゃあそういうことで、田舎のほうが住むんだったら、いいかなっていうことですね

K　そうですね、うん

C　あーわかりました、そうですかー、将来もしご主人になる人とか、ご家族がみんなで〈うんうん〉、田舎は絶対やだ、〈|笑|〉都会に住みたいってゆったらどうします?

K　まあ住みます|笑|

C　あー住みます?、あ、そうなんだ|笑|、わかりました、どうもありがとうねー、えっと、じゃあそろそろ最後の質問に〈はい〉なるんですけど、まあこうやってね、将来のことも〈はい〉今ちょっと考えたんですが、えーっとHGさんの人生の中で〈はい〉、もし、たくさーんあげるよって言われたら、お金と、時間と、どっちがたくさんほしいですか?

K　時間です

C　お、早く答えましたね

K　はい|笑|

C　どうしてですか?

K　いや、なんかお金は、ま、お金そのものはそんなに、私はほしい、わけじゃないと思います、なんかやりたいことがいっぱいあって、そのほうが大事だと思います〈ふーん〉、そんなにお金、も、かからない、まあ、ことでもないんですから〈うーん〉、時間だけはほしいと思います|笑|

C　あ、そうですかー〈はい〉、うーん、まあでも時間がいっぱいあっても仕事がなくてお金がなかったら暮らしていけないじゃない

K　ま仕事がなかったら、そうですね〈うーん〉、でも仕事があって〈はい〉、お金を稼ぎながら時間いっぱいあったら〈うんうんうん〉、やりたいことも全部すませますから

C　あー確かに確かに〈うーん〉、なるほど〈はい〉、じゃあ時間のほうが

K　時間のほうが|笑|

C　ほうを選ぶ、はい、価値があると考えるってことですね

K　うん、そうですね

C　へーなるほど

K　まあ確かに何も（なにも）やってない時間は〈ええ〉ちょっと無駄ですけど〈うんうんうん〉|笑|、やっぱり、ちかん（時間）はいいですね

C　へー、そうなんだ、じゃあHGさんは、何か（なにか）時間がこうあったら、こう

自分でいろいろ考えて、何 (なに) ができるかなとかを考えるタイプ、っていうことなんですね

K　そうですね、いろいろ作ったりとか〈ふーん〉、うん、ま、やることいっぱいですから

C　うーん〈はい〉、わかりました、じゃあお金は後から (あとから)、もう

K　そうですね {笑}

C　さまずは時間ということですね、あーおもしろい意見ですね、あーそうですか、わかりました〈{笑}〉、じゃあ、もう明日から時間あんまりなくなっちゃう、のかしら?

K　なくなっちゃいますね、はい {笑}、まあでも、その (連体詞) 残っている時間をうまく使おう、としたら〈うんうんうん〉、たぶん大丈夫だと思います

C　そっかそっか〈はい〉、お休みは週に何日 (なんにち) あるんですか?

K　あ週末ですね、あの二日

C　あ、二日間は〈はい〉お休みがあるんですね〈はい〉、へー、あとはその、えっと会社の夏休みとか、なんか〈ああ〉クリスマス休暇とかそういうものも、ありますか?

K　それは、あると思います〈うんうん〉、まあ会社、ん、といったら〈うん〉、たぶん、ちょっと日本のお盆にあわせて〈ああ〉、一週間、あるらしいです

C　そっかそっか〈はい〉、ってことは八月、ですよね

K　そうですね

C　あ、じゃあもうすぐ {笑}

K　もうさっそく休む {笑}

C　いいじゃないですかー

K　はい、ちょっと

C　じゃあその (連体詞) 大切な時間どういうふうに〈{笑}〉過ごしましょうね?

K　うーん、まあ卒業して〈うん〉すぐに会社に入っちゃったので〈うんうん〉、ちょっと八月に、どっかに行こうかな、と思います

C　あー、それがいいと思います〈はい〉、ねーお友達と一緒にとかご家族とかね

K　そうですね

C　ねー、じゃあ計画を、早めに {笑}

K　はい {笑}

C ね、立ててください、なんか〈はい〉日本だと、そのもう二ヵ月前ぐらいから、いろいろ計画立てて予約を

K そうですね

C みたいに言うんですけど、同じ?

K 同じですね〈はー〉、でもたぶんそれ日本にいる時に、うーん、まあ習慣になったと思います｛笑｝

C ああ、そっかそっか｛笑｝、なるほどねー、じゃあ楽しみにね〈はい〉、あのご活躍〈｛笑｝〉、あの、〈ください、ほんとに、今日は、もうじゃあこの調査が終わったら、またすぐ、もう

K その（連体詞）、はい、その（連体詞）、町に行きます

C 町に、もう、行っちゃうってことですね

K はい、行きますね、はい

C お荷物も?

K もう荷物はあんまりないと思います

C もう、もう荷物はもうないんですね、あ、良かったです

K はい、もう、行くだけです｛笑｝

C そっかそっか、じゃあ、ありがとうございました

K ありがとうございました

C 本当に忙しい中ね、いっぱいお話しをしていただきました、どうもありがとう

［4］ ロールプレイⅠ（RP1）EUS01

K EUS01

C はい、どうぞー

K は失礼します

C はーい

K えとーすみません、ちょっとお聞きしたいことがあるんですが

C あー、何（なん）でしょう

K えっと最近は、少し忙しくなってしまいました

C あーそうですか

K はい、えっとー今は、バイトが、一週間三日間しています

C そうですねー

K　しておりますが

C　はい、本当に助かってるんですよー

K　あーでも、最近は忙しいですから〈えーえー〉、えっと一週間に二日間を、にしてもだい、よろしいでしょうか

C　あ一週間に二日ですか、今おかげさまでほんとにお店ー、ちょっと人気が出てきて、あのー人がね、多く入ってるので、二日になるとね、ちょっと厳しいんだけどなー、んー、今平日三日入ってもらってますよね?

K　はい

C　一日 (いちにち)、じゃ二日にするなら一日 (いちにち)、土曜日か日曜日来られますか?

K　は、はい、できます

C　大丈夫ですか?

K　はい

C　じゃあ、じゃ月水金は来てもらってますけど、どの曜日、が一番いいですか?一日 (いちにち)

K　一日 (いちにち)

C　うん、月曜日水曜日金曜日の中だったら

K　あー

C　うん

K　とー大学のクラスは火曜日ですから、とー、月水 (げっすい) のほうがいいと思います

C　はーそうですか、じゃあ月水 (げっすい) のどちらか一つと、もう一つ土曜日に一日 (いちにち)

K　あ、はい

C　はい、来てもらうってゆうのではどうでしょうか

K　とー、できると思います

C　いいですか、じゃこれまでどおり、じゃ水曜日の、えー四時から七時まで〈はい〉、と、えー今度土曜日なんですけど、もう少し長くやってもらってもいいですかね?

K　えーとー、んー、夜は宿題が多いですから〈んー〉、えっと、朝のほうが、と、易しいと思います

C あーそうですか、じゃあ、えーじゃランチタイムが結構込むので、はい〈はい〉、じゃ朝の九時から、そうですね、二時ぐらいまで?大丈夫ですか?

K んー大丈夫だと思います

C 大丈夫ですか?

K はい

C わかりました、じゃあ、えーいつもどおり水曜日一日(いちにち)と、土曜日の朝九時から三時ぐらいまで〈はい〉、はい、お願いします

K はい

C 二時か三時ぐらい

K 本当にありがとうございました

C はい、いえいえこちらこそ、じゃああのこれからもよろしくお願いします

K はい、よろしくお願い致します

C はい

［5］ ロールプレイ2（RP2）IID01

K IID01

C あ、こんにちはー

K こんにちは

C あのこの(連体詞)前お願いした件なんですけどー

K はい

C あのー、い今接客ーしてもらってますけど

K すそうですね

C あの、調理の人が一人辞めたのでー、〈あー〉調理のほうに変わってほしいんですけど

K あのーりより(料理)を作ることです、ね?

C はい

K あっそれはー、ほんとは料理を作るーなんて、下手です

C あっ大丈夫ですよ最初は野菜を切ったりとかーあのー簡単な仕事?から覚えていってーま少しずつ?難しいことを覚えていけばいいと思います

K あもしーあのー、|笑|えっと、切り方も、全然できませんかから

C えっできないんですか?

K　できません

C　あっじゃあやったほうがいいですよ

K　えー、あの店長さん

C　はい

K　今の仕事はー、〈うん〉私のー、一番大好きのは（大好きなのは）、〈うん〉えーなんだろ、お客さんとー、話す話せる、こと、です〈んー〉もしえとー台所で、えとー料理を作ることは、だめだと思います

C　あーそうですねーうん料理を作ってる間（あいだ）はしゃべらないですねー｛笑｝

K　｛笑｝そうです

C　んーでも、あのーま日本語の練習だったらーほらシェフは日本人なのであのー、お客さんは日本人が来るかどうかーわかんないじゃないですか

K　えーそうですねー｛笑｝

C　うん

K　まー、えとー、えーどしよう（どうしよう）、｛笑｝まーシェフがー〈うん〉日本人、だけですけどー〈うん〉あのー、えとー、いろいろなーえとお客さん、お客さんは、〈うん〉いろいろな、いろいろな性格の日本人だからー

C　うん

K　それはー私のー練習、もっと助かると思います

C　確かにそうですねー

K　そうです

C　シェフとだったら野菜の話とか｛笑｝

K　｛笑｝調味料とか

C　調味料とかー切り方の話〈｛笑｝〉になりますねー

K　そうです

C　うーんそうですかーでも料理の人が足りないんですよねー

K　うーん

C　どうしよ（どうしよう）

K　どうしようかなー

C　うーん困りましたねー

K　｛笑｝私も困ります〈ん〉、どうして

C　んーあのー、料理を少し手伝うっていうのはどうですか？

K　ん?

C　接客もしてー、あの、料理も、する

K　えー

C　あのー最初?なんかお客さんが入る前、準備、する、時間がありますよね?

K　あー

C　で、そのー、今えー夕方のーえー六時からー、九時まで働いてもらってますけどー〈ん〉、あのー五時から、八時、にしてーでー六時にお店が開きます(あきます)よね?

K　うん

C　その(連体詞)前の時間?あの野菜を切ったりとか、その(連体詞)時間はーあのー、料理のお手伝い〈あー〉、でえーその後(そのあと)?お客さん入ってきたら接客、でいつもより一時間早く終わる

K　あーそれは大丈夫、だと思います

C　大丈夫ですかー?

K　大丈夫

C　あじゃあ、料理も、ちょっとやってもらえます?

K　うっはいー｛笑｝、はい、かしこまりました

C　じゃあお願いします

K　＊＊よろしくです

［6］　絵描写 (D) CCH02

C　　IDお願いします

K　CCH02です

K　そ、この(連体詞)絵で、け、この(連体詞)絵の中で、えーいろんな人が、あーい、あーいろんな人がいます

K　そのい、あーこの(連体詞)絵の、太陽、天気がいいです

K　太陽が、太陽、太陽があります

K　と、それから肉屋と、家、肉屋い肉屋とレストランがあります

K　あレスマン、レストランの中で、あー人、人、人が喧嘩、喧嘩してから、と、あーた、倒れてしまいました

K　ちょっと場面はちょっとこんて、こんています(混んでいます)

K　えっと道の、道、道でいろいろな人が、人、人がある、あ、ある歩いています

K　夫婦、夫婦がベンチに座って、ベンベンチのすあーベンチの座ってか話しています

K　っとお母さんと、お母さん、お母さんと、おか、おかお母さんと子供と一緒に買い物に行きます

K　それから、あ、そそれから高校、あ小学校の学生達は、あかばん、かばん置いて道を歩いています

K　と川の、川のまわりに子供達は泳いでいます

K　と、車のとな隣に、りんご、りんごの木があります

K　と、あーその（連体詞）、その（連体詞）中のひとす（一つ）のりんご木（き）や（が）たお、た、たお、倒れてしまいました

K　と、あーりんご木（き）の隣に、ある（連体詞）おじいちゃんが電話しています

K　とそれから、絵の一番中心、中心にいる人は、中心んのいるひ人は絵、絵をかいてあー書いています

K　と、とレストランの、レスト（レストラン）の奥、奥え、奥えに、猫とあい犬があります

K　っと、すオケー（オッケー）です

C　はいどうもありがとうございました

［7］　ストーリーライティング（SW1）TTH01

二人はピクニックに行くつもりで、ピクニックに行く場所を地図で探しました
地図を見ている間、彼らが知らないで、犬はサンドイッチのバスケットに飛び入りました
ピクニックのところに着くと、食べ物を食べたくなったので、バスケットをあけました
すると、犬は飛び出しました
バスケットの中を見ると、食べ物は全部食べられてしまいました

［8］　ストーリーライティング2（SW2）VVN01

それで、家に着いたとき、ドアを開くことができませんでした。
しかし、寝ていたマリさんをたくさん呼びましたが、だめでした。
しかたがない、ケンさんは梯子を使いました。

梯子を登るとき、警官さんに見られました。
ケンさんは警官さんにたくさん説明しましたが、だめでした。
幸いにも、そのとき、まりさんは目が覚めました。

非対面調査（作文）

［9］　作文調査：エッセイ（e）GAT02

「ファストフード」や手作り食者・どちらのほう?

都会でも、田舎でも、生活はゆっくり変わっている。食生活変化も続く。時間も努力も余す「ファストフード」の人気が広がっている。
だけど、手作りの食品と比べると、どちらは一番いいですかな?見てみよう。
ファストフードについて話すと、一番早い気づくのはもちろん健康のことです。油と塩がいっぱい含有するので、体に本当に良くない噂がある。食品添加物も多い入っている事が珍しいじゃないから、ネガティブな影響が出るかもしれない。やはり、ファストフードが健康に悪いことは争われない。
その反面、ファストフードがいいポイントもいろいろあるんです。早く作られて食べられるから、忙しくて時間が少ない人にとても便利です。何処でもすぐに食べられるように作っている。それも時間を余すから便利です。
ただし、手作り食品のいいポイントを忘れてもいけない。自分が作った料理が普通新鮮です。油も塩も少ない入れると、やはりファストフードより健康にいいでしょう。そして、料理を自分の味覚のとおりに作ることが出来る。
手作り食べ物の中にもちろん悪いポイントもあるはずです。例えば、準備がかかる時間が本当に長くなるかもしれない。忙しい人にそれはとても不便です。
現在日本の急がし生活に、ファストフードのほうが本当に便利そうですけど、健康にも気づく事が必要だと思います。便利さだけに気を配って、自分の体の要るものを聞き流すと、大きな問題になるかもしれないと思います。

----

[10]　作文調査：メール１（m1）FFR10

件名：お願い

本文：

加藤先生、こんにちは。

【名前】と申します。

いつもお世話になっております。

奨学金について、連絡いたします。私は来年、勉強の為に、日本に行くつもりでございます。奨学金のために、推薦状が必要なことでございます。

先生は推薦状を書いていただけないでしょうか。

お忙しいところ恐縮ですが、どうぞ宜しくお願いいたします。

どうぞお体に気をつけてお過ごしください。

【名前】より

----

[11]　作文調査：メール２（m2）RRS03

件名：学期末の報告

本文：

尊敬する田中先生、今晩は。

残念ながら学期末の報告を期限まで間に合わないと思います。突然に友人が一週間に転がり込んで来ました。これにあたっても、期限を三日伸ばさせてもよろしいでしょうか。

どうぞよろしくお願いいたします

敬具、

【名前】

----

[12]　作文調査：メール 3（m3）TTR02

件名：イスタンブールの旅行

本文：

こんにちわ鈴木さん、

メールありがとうございました。元気です。トルコへ来ることを聞いた時に嬉しかったです。私は来月の 2 日にイスタンブールで訪問する美しい場所を見せたかったんだけど、あの日テストがあります。だから、一緒にイスタンブールを見ることはできません。本当にごめんなさい! でも、友だちは鈴木さんに街の有名なところをみせることはできるとおもいます。あなたがはいと言えば、私は友だちのコンタクトインフォーメションをメールで書きます。来なくて残念です。

お返事お待ちしております。

【名前（カタカナ）】

【名前（母語）】

【大学名】

索　引

関係者および協力者一覧(50音順・敬称略)

■プロジェクト統括チーム

迫田久美子／佐々木藍子／須賀和香子／細井陽子（2014年〜）／小西円（2012年〜2015年）

■作業補佐／書き起こし作業者

漆田彩／中津飛鳥／中野仁美／橋本宜子

岩田悠倫子／大野直子／岡田直子／柏倉裕美／甲賀真広／斎藤敬太／斎藤里美／杉本美穂／武内博子／永田祥／中原暢子／野口芙美／林亜友美／福嶋真由美／星野治賀子／三谷絵里／三好香里／安川修／山本磨己子／若井芳江／渡辺真由子／他10名

■国内協力者

浅原正幸／石川慎一郎／石本祐一／磯田朋子／今井新悟／岩立志津夫／内山夕輝／大関浩美／小木曽智信／奥野由紀子／籠宮隆之／金田智子／河口美緒／川崎千枝見／小磯花絵／小口悠紀子／小島美智子／小林典子／近藤妙子／酒井たか子／嶋田和子／末田朝子／鈴木由美恵／砂川有里子／高橋えるめ／田中真理／玉岡賀津雄／陳嬿如／中石ゆうこ／中上亜樹／中村壮範／仁科喜久子／野田尚史／野山広／福永尚子／藤井慶子／前川喜久雄／間瀬尹久／松見法男／峯布由紀／望月圭子／森本智子／八木豊／山崎誠／吉田聖子／李在鎬

■海外協力者

Agus Suherman Suryadimulya／安達祥子／穴井宰子／Ahmad Dahidi／小熊利江／Cao Le Dung Chi／加藤由実子／邱学瑾／呉屋由郁子／近藤玲子／白井恭弘／鈴木裕子／蘇鷹／高橋希実／高橋雪絵／Tasanee Methapisit／崔延朱／張超／張佩霞／曹英南／Dianni Risda／トムソン千尋／中広美江／東伴子／フォード栗田史子／マダドナーめぐみ／南雅彦／尹鎬淑／頼錦雀／リード真澄／李京哲／劉怡伶／若井誠二

■ご協力くださったインタビュー参加者の皆様

1,229名

■編著者・著者一覧

以下，主著・主要業績には共著・編著等を含む。

迫田久美子（さこだ・くみこ）　sakodak@hiroshima-u.ac.jp

広島大学森戸国際高等教育学院・特任教授／国立国語研究所日本語教育研究領域・客員教授。広島大学大学院修了。博士（教育学）。主要業績として『日本語教育に生かす第二言語習得研究』（2002, アルク），『学習者コーパスと日本語教育研究』（2019, くろしお出版，共著）他。

本書での担当：全体企画・編集ならびに 1 章・16 章 1, 2, 6 節。

石川慎一郎（いしかわ・しんいちろう）　iskwshin@gmail.com

神戸大学大学教育推進機構／国際文化学研究科／数理・データサイエンスセンター・教授。神戸大学大学院・岡山大学大学院修了。博士（文学）。主要業績として『ベーシックコーパス言語学』（2012, ひつじ書房），『ベーシック応用言語学―L2 の習得・処理・学習・教授・評価―』（2017, ひつじ書房）他。

本書での担当：全体企画・編集ならびに 11 章・14–15 章・16 章 5 節。

李在鎬（り・じぇほ）　jhlee.n@gmail.com

早稲田大学大学院日本語教育研究科・教授。京都大学大学院修了。博士（人間環境学）。主要業績として『ICT ×日本語教育―情報通信技術を利用した日本語教育の理論と実践―』（2019, ひつじ書房，共著），『文章を科学する』（2017, ひつじ書房，共著）他。

本書での担当：全体企画・編集ならびに 3 章 6 節・6–8 章・12–13 章・16 章 4 節。

==

佐々木藍子（ささき・あいこ）　a.sasaki@ninjal.ac.jp

国立国語研究所日本語教育研究領域・プロジェクト非常勤研究員／立教大学日本語教育センター・兼任講師。広島大学大学院修了。修士（教育学）。主要業績として「日本語学習者の接続助詞『から』の習得過程に関する研究―接続形式の習得に着目して―」（2006,『教育学研究紀要』52(2)），「学習者・教師双方から見た『理解が深まる日本語の授業』とは―自由記述データによる共通点・相違点から―」（2018,『日本語・日本語教育』1, 共著）他。

本書での担当：2 章・3 章 1–5 節・9–10 章。

須賀和香子（すが・わかこ）　w.suga@ninjal.ac.jp
国立国語研究所日本語教育研究領域・プロジェクト非常勤研究員。早稲田大学大学院修了。修士（日本語教育学）。主要業績として『日本語教師のための「活動型」授業の手引き—内容中心・コミュニケーション活動のすすめ—』(2008, スリーエーネットワーク, 共著) 他。
本書での担当：2 章（一部）・3 章 4–5 節（一部）。

野山広（のやま・ひろし）　wisen@ninjal.ac.jp
国立国語研究所日本語教育研究領域・准教授。早稲田大学大学院・モナシュ大学大学院修了（ロータリー財団国際奨学生）。主要業績として『外国人住民への言語サービス—地域社会・自治体は多言語社会をどう迎えるか—』(明石書店, 2007, 共著), 『日本語が話せないお友だちを迎えて—国際化する教育現場からの Q & A—』(くろしお出版, 2010, 共著) 他。
本書での担当：16 章 3 節。

細井陽子（ほそい・ようこ）　yoko.hosoi.lucia@gmail.com
国立国語研究所日本語教育研究領域・プロジェクト非常勤研究員／山野日本語学校・非常勤講師。早稲田大学大学院修了。修士（日本語教育学）。主要業績として『みんなの日本語初級 I 第 2 版—漢字練習帳—』(2004, スリーエーネットワーク, 共著) 他。
本書での担当：4–5 章。

八木豊（やぎ・ゆたか）　yagi@picolab.jp
株式会社ピコラボ。主要業績として、「学習者作文コーパスの構築と誤用の分析」(2012,『日本語学習支援の構築—言語教育・コーパス・システム開発—』, 凡人社)。
本書での担当：4 章。

日本語学習者コーパス I-JAS 入門
―研究・教育にどう使うか―

初版第 1 刷 ――――2020年 3月30日

編著者―――――――迫田久美子　石川慎一郎　李在鎬

著　者―――――――佐々木藍子　須賀和香子　野山広　細井陽子　八木豊

発行人――――――――岡野 秀夫

発行所―――――――株式会社くろしお出版
　　　　　　　　　〒102-0084　東京都千代田区二番町 4 − 3
　　　　　　　　　tel 03-6261-2867　fax 03-6261-2879　www.9640.jp

印刷・製本　シナノ書籍印刷　　装 丁　折原カズヒロ

©SAKODA kumiko, ISHIKAWA Shin'ichiro and LEE Jaeho, 2020
Printed in Japan

ISBN978-4-87424-825-6 C3081